本书得到教育部人文社会科学研究规划基金“新型城镇化背景下农民土地财产收益实现渠道与改革路径研究”（14YJAZH097）资助

新型城镇化背景下农民土地财产性收益研究

杨庆媛　刘　燕　王兆林　苏康传　张忠训　著

科学出版社
北　京

内 容 简 介

本书以“人、地、钱”三个要素为纽带，系统探讨了新型城镇化与农民土地财产性收入增长的互馈作用机理，突出了宏观层次与微观视角的融合，理论分析与实证研究的结合，明晰了农民土地财产性收入增长的需求、现实、障碍及改进方向。主要内容包括新型城镇化与农民土地财产性收入增长的内在联系；农民土地财产性收入来源及构成；农民土地财产性收入增长潜力测算；农民土地财产性收入实现渠道，具体涵盖土地发展权转移、集体经营性建设用地入市、农业综合开发、土地征收等渠道中农民土地财产性收益的实现方式；农民土地财产性收入实现的保障机制与政策协同。以期为新型城镇化道路选择、农民财产性收入增长实现、农村土地制度改革等提供理论依据和案例支持。

本书可作为土地管理领域的研究者、大专院校土地资源管理、农业经济问题、公共管理等专业的教学参考书，也可为政府相关行政部门管理人员、研究人员提供参考。

图书在版编目（CIP）数据

新型城镇化背景下农民土地财产性收益研究/杨庆媛等著. —北京：科学出版社，2018. 5

ISBN 978-7-03-057043-7

Ⅰ. ①新…　Ⅱ. ①杨…　Ⅲ. ①农民-土地所有权-经济收入-研究-中国　Ⅳ. ①F321. 1

中国版本图书馆 CIP 数据核字（2018）第 055652 号

责任编辑：李　敏　杨逢渤 / 责任校对：彭　涛
责任印制：张　伟 / 封面设计：无极书装

科学出版社出版
北京东黄城根北街 16 号
邮政编码：100717
http://www.sciencep.com

北京建宏印刷有限公司印刷

科学出版社发行　各地新华书店经销

*

2018 年 5 月第　一　版　开本：720×1000　B5
2019 年 6 月第二次印刷　印张：10 1/2
字数：220 000

定价：128. 00 元

（如有印装质量问题，我社负责调换）

前　言

根据国际经验，当经济社会发展到较高水平，家庭收入构成将发生重大变化，财产性收入逐渐成为家庭收入的重要构成部分。随着我国城镇化迅速发展，城乡二元结构日趋强化、城乡居民收入差距拉大、人口城镇化与土地城镇化失衡等问题显化，大量在城市就业及生活的流动人口，因无法获得有力的财富支撑，难以承担市民化的成本。目前我国土地财产性收入是农民收入中的短板，一方面，农村建设用地因人口迁移大量闲置，因缺乏有效的市场化渠道造成土地财产巨大浪费，农民土地财产性收入渠道受限；另一方面，因进入城市的人口增加，城市土地需求增加，拉动土地财产增值空间增大。如何让农民获得更多的土地增值收益也成为城乡协调发展、一体化发展的重要方面。因此，如何将农村土地资源资产化，如何畅通农民土地财产收入实现渠道，成为我国新型城镇化、新时期城乡融合发展的重要课题。对于农民土地财产性收入实现问题，首先要有“产”才能谈得上有“财”，也就是说先要落实和保障农民土地产权权能，才能凭借其获得土地财产性收入；实现农民土地财产性收入增长，要么增加土地财产的量和提高土地财产的质，要么在土地财产性收入分配中让农民获得更多的份额。

近年来，我国鼓励多渠道增加居民财产性收入，并不断深化土地制度改革，积极探索农民土地财产性收入充分实现的途径、渠道。当前国家试点的征地制度改革、集体经营性建设用地入市改革及农村宅基地制度改革的土地制度“三项改革”，其重点就是探索如何建立和强化土地资源资产配置的市场化机制，如何建立和完善农民分享城镇化发展中的土地财产性收入的长效机制。党的十九大报告提出乡村振兴战略，强调完善承包地“三权”分置制度，该项改革通过落实集体所有权、稳定农户承包权和放活土地经营权直接或间接增加农民土地财产性收入。2018 年中央一号文件要求探索宅基地“三权”分置改革，通过落实宅基地集体所有权，保障宅基地农户资格权，适度放活宅基地使用权，盘活利用闲置宅基地和农房增加农民财产性收入。

本书基于新型城镇化发展和乡村振兴战略实施的宏观背景，围绕“人”

“地”“财”三个系统，以人地协调理论、城镇化理论、制度变迁理论、土地发展权理论等为理论指导，探索新型的城乡关系，探讨城镇化进程中土地物质形态和土地发展权益变化与农民土地财产性收入增长的关系，进一步整合完善我国新型城镇化背景下农民土地财产性收入的实现渠道，根据我国农用地、农村建设用地等不同类型农村土地资源的财产化路径，多维度构建我国新型城镇化背景下实现农民土地财产收益的基本思路与框架，提出适应我国国情的农民土地财产性收入增长的实现渠道及相配套的政策体系。围绕上述思路，全书分为三个部分共9章，具体内容如下。

第一部分为研究背景及理论阐述部分，包括第1～3章。在第1章综合阐述本研究的背景与研究价值、思路、方法等的基础上，第2章进行了新型城镇化与农民土地财产性收入增长的理论分析，介绍了新型城镇化中的“人–地–钱”挂钩原理，提出了“人–地–钱”挂钩模式的运行机制。在对农民土地财产性收入内涵与特点分析的基础上，从人的城镇化与市民化成本、土地财产收益实现与农民市民化能力、土地物质形态城镇化与农民土地财产性收入增长、土地发展权城镇化与农民土地财产性收入增长、人口就业城镇化与农民土地财产性收入增长五个方面分析新型城镇化与农民土地财产性收入实现及增长的内在联系，从国家政策需求和农民个体需求两方面阐述了新型城镇化与农民土地财产性收入增长的联动改革需求。第3章主要围绕土地财产性收入来源及构成的内容，总结分析我国农民土地财产性收入构成及变化趋势，阐述了产权和用地类型等不同视角下的土地财产性收入构成。

第二部分为农民土地财产性收入来源及实现渠道的具体分析部分，包括第4～8章。第4章主要研究基于财产价值潜力测算的农民土地财产性收入增长空间。从三个方面认识其增长空间：基于来源视角的财产价值潜力、基于实现方式的财产价值潜力和基于交易对象的财产价值潜力。以重庆市为案例，估算以盘活农村集体建设用地为来源的财产性收入增长潜力空间，以及以耕地质量提升为来源的土地财产性收入增长潜力空间。第5章着重分析土地发展权转移中的农民土地财产性收入实现的问题，阐述了城乡建设用地增减挂钩的原理及其中的土地发展权转移与农民土地财产性收入实现的内容，并以天津“宅基地换房”模式、浙江嘉兴“两分两换”模式及重庆的地票模式等为案例剖析土地发展权转移中的农民土地财产性收入实现方式。第6章主要分析集体经营性建设用地入市促进农民土地财产性收入增长，并将多个集体经营性建设用地入市试点模式进行多方面的比较，如入市方式、主要做法和收益分配。重点分析了重庆市大足区、四川省成都市郫都区及泸县集体经营性建设用地入市促进农民土地财产性收入增长的机制，分析了农村集体经营性建设用地入市促进农民土地财产性收入增长的制约因素，提出了完善相关法律法规及产权制度、完善集体建设用地市场机制、优化收益分配机制、发展农村金融市场等措施。第 7 章则分析农业综合开发与农民土地财产性收入之间的关系，阐述了农业综合开发财政投入补助项目促进农民土地财产性收入增长实现的渠道，并以重庆市永川区、渝北区、云阳县为案例，分析每种模式的具体实施方式及效果。在此基础上，提出了农业综合开发促进农民土地财产性收入增长的制约因素及改进措施，完善了农业综合开发与农民土地财产性收入的理论。第 8 章主要分析土地征收过程中农民土地财产增值机制及农民土地财产收入类型，进一步分析土地征收过程中农民土地财产性收入增长的现实困境，并通过对比美国、日本、德国、法国的土地征收制度，提出征地补偿制度的改革方向及具体路径。

第三部分为农民土地财产性收入实现的保障体系部分，也就是本书的第 9 章。主要探讨农民土地财产性收入实现的保障机制与政策协同，从内部机制创新、外围策略和保障机制等方面构建农民土地财产性收入的体制机制联动创新体系。

本书的特色主要体现在三个方面：①将新型城镇化与农民土地财产性收入作为一个有机系统进行研究，将农民土地财产性收入的增长问题纳入以人为核心的新型城镇化的发展框架中，将农民市民化和土地财产化相结合，即“人-地-钱”挂钩，以人口、土地、资金要素城乡流动为纽带，系统探讨新型城镇化与农民土地财产性收入的互馈作用机制。②研究内容安排不仅涉及对农民土地财产性收入的宏观层次探讨，而且结合城镇化发展的空间特色和阶段特征，从城乡之间“人”和“地”两个相互关联的要素出发，结合农民土地财产性收入政策因素，对新型城镇化背景下农民土地财产性收入增长的需求、现实、障碍及改进等方面进行系统的分析。③理论研究与实证研究相结合。本书的核心内容均选取了相应的典型案例或问卷调查数据进行实证分析，从中探寻农民土地财产性收入增长的理论机制；评价促进农民土地财产性收入增长的实践绩效，为提出农民土地财产性收入增长的模式及政策系统提供案例支持。

本研究得到了教育部人文社会科学规划基金“新型城镇化背景下农民土地财产收益实现渠道与改革路径研究”（14YJAZH097）的资助，以及重庆市国土资源和房屋管理局等地方政府部门委托课题的支撑。在项目立项和研究过程中，得到了重庆市国土资源和房屋管理局、重庆农村土地交易所、重庆市农业综合开发办公室，以及四川省成都市郫都区国土资源局、泸县国土资源局、重庆市永川区农业综合开发办公室、渝北区农业委员会、云阳县农业委员会等单位领导及相关人员的大力支持，特此向支持和关心作者研究工作的所有单位及个人表示衷心的感谢。特别感谢重庆市江北区国土资源管理分局席险峰科长对书稿的审读与校对。感谢课题组成员的大力支持与默契配合。

由于作者水平有限，虽几经改稿，书中难免有疏漏和不妥之处，敬请各位专家和读者不吝赐教！

作　者

2018 年 2 月

目　录

第 1 章　研究价值与研究设计

1.1　研究背景

1.1.1　土地财产性收入是新型城镇化的重要支撑要素

城镇化是现代化的必由之路，是解决“三农”问题的重要途径。推进以人为核心的新型城镇化，是拉动我国经济增长新引擎的“最大改革红利”。大量农村劳动力从传统农业部门转移到第二、第三产业就业，为我国近 40 年来城镇化快速发展做出了突出贡献（王春超和荆琛，2012）。2016 年我国常住人口城镇化率达到 57.35%。与此同时，我国城镇中存在 1.6934 亿农民工①，面临着城乡二元结构日趋强化、城乡居民收入差距大、人口城镇化与土地城镇化失衡等诸多问题。然而，这些为城镇发展做出巨大贡献，数量庞大的农村转移人口，因无法承担市民化成本，无法获得市民身份，也无法分享城镇化发展带来的福利。调查显示，仅有不到 1% 的农民工有能力在务工地购房安家（国务院发展研究中心课题组，2011）。促进有能力在城市稳定就业和生活的人口有序市民化，着重解决农业转移人口落户问题，是当前新型城镇化的首要任务。在促进以人为核心的新型城镇化发展导向下，我国城乡人口转移制度已经由最初的限制发展到当下的鼓励转移人口落户进城，但在城市房价高企不下、城市生活成本日渐提高的情况下，大量在城市就业生活的流动人口，因无法获得有力的财富支撑而无法承担市民化的成本。土地财产是迁移自由的重要担保（布坎南，2002）。一些西欧国家由于农民可以将住房和土地进行抵押，获取在城市定居的资本，从而避免了严重的贫民窟现象的发生；而一些拉美国家的农民由于缺乏土地财产支持，没有城市定居的资本，贫民窟现象严重。世界城镇化历程正反两方面的事实表明，让农民带资进城，获得自由迁移的财产担保，对于稳定由乡到城的迁移人口并使其顺利融入城市生活具有重要的作用。

---

① 数据来源：国家统计局公布的《2016 年国民经济和社会发展统计公报》。外出农民工是指在所在镇以外工作 6 个月以上的农民工。

1.1.2 新型城镇化进程中农民土地财产性收入增长空间巨大

我国农民财产性收入基数小、总量少、增长慢，已经成为农民收入增长中的"短板"。从我国农民收入构成来看，财产性收入仅占3%左右①，一直缺乏有力的增长渠道。随着经济不断发展，建设用地已经通过市场化的渠道体现了巨大的资产价值和财富效应。城市建设用地的增值溢出效益的影响在城乡接合部地区体现明显，而这部分地区的农民因具有临近城市的区位优势，极大地分享了城镇化产生的土地增值收益，且大多数可以通过土地征收被动转为市民。但这部分农民仅占中国农民总体中的极少数（3%～5%），绝大多数农民并不具备土地区位优势条件，被置于土地增值收益分享的利益圈之外②。偏远地区的农民所拥有的土地极难有机会转为城镇建设用地，亦即很难通过传统的发展方式实现增值。城乡二元化的地权市场中，集体和国有建设用地财产权能、市场渠道的二元歧视性规则，使城乡建设用地结构不平衡的矛盾更加凸显。一方面，农村建设用地因人口迁移大量闲置，缺乏有效的市场化渠道造成土地财产巨大浪费；另一方面，因进入城市人口增加，城市土地需求增加，其稀缺性增强，价格上涨，将影响城镇化进程。根据国土资源部公布数据，我国2016年末建设用地总量为3859.33万公顷，城镇村及工矿建设用地总量为3099.23万公顷，其中村庄用地达1920.03万公顷，占城镇村及工矿建设用地总量的61.95%，城镇建设用地仅占30.43%③。由此可知，占人口总量42.65%的农村人口占据城镇村及工矿建设用地的61.95%。如果将这些存量资产盘活，将有效加快城镇化进程，也能更好地促进乡村发展。在集体建设用地中赋予农民土地财产权利，探索、完善集体建设用地的财产化渠道，激发沉睡的农村集体建设用地财产价值。在控制建设用地总量的前提下，通过集体建设用地有效流动，打破城乡建设用地结构不均衡的局面，缓解城市用地压力，同时增加集体土地财产性收入，是当前我国深化土地制度改革的核心问题，对健全城乡均衡一体化发展具有全局性作用。因此，探索农民土地财产收益实现渠道，让进入城镇的新市民带着土地财产进城，让留在农村的新型农民有更多的财产性收入，既是缩小城乡收入差距的必然要求，也是推进以人为核心的新型城镇化的必然要求。

---

① 数据来源：中国社会科学院农村发展研究所发布的《农村绿皮书：中国农村经济形势分析与预测（2013～2014）》。

② 胡东林，华生．人口城市化是厘清土地问题主线［N］．中国证券报，2012-10-20（001）。

③ 数据来源：根据国土资源部网站土地调查成果共享应用服务平台公布的数据计算。

1.1.3　国家战略实施提出新要求

我国一直将增加农民财产性收入作为拓宽收入渠道的重要切入点。党的十七大报告提出“创造条件让群众拥有更多财产性收入”，党的十八大报告提出“多渠道增加居民财产性收入”。近几年的中央一号文件都要求探索增加农民财产性收入渠道。土地作为农民重要的财产资源，在促进农民财产性收入增长中，将扮演更加重要的角色。我国农村集体建设用地流转制度创新始自 20 世纪 80 年代，当时就已经在各地有实践探索。由于集体建设用地具有更大的财富价值，直接关系到转移人口的市民化进程，集体建设用地流转是继农产品和劳动力城乡流动后的第三道城乡市场之门（周其仁，2014）。党的十七届三中全会提出国有建设用地与农村集体非农建设用地“同地同权同价”，党的十八届三中全会明确提出“农村集体建设用地以同等权利公平入市，建立城乡统一的建设用地市场”，2015 年国务院提出《关于农村土地征收、集体经营性建设用地入市、宅基地制度改革试点工作的意见》，并确定 33 个区（县）作为探索农村集体经营性建设用地市场改革的试点地区。党的十九大报告提出的实施乡村振兴战略，要求建立健全城乡融合发展体制机制和政策体系，加快推进农业农村现代化。保障农民财产权益、拓宽农民收入渠道是实现“产业兴旺、生态宜居、乡风文明、治理有效、生活富裕”乡村振兴战略总体要求的重要路径。与农民土地财产性收入实现渠道密切相关的农村土地制度改革是乡村振兴战略的重要任务。一方面，乡村振兴战略为农民土地财产性收入增长实现渠道的探索提供了新的空间。乡村振兴战略的实施将发挥农村生态资源优势，加强农村基础设施配套及农业产业发展等力度，从而有效提升农村土地的财产价值。在乡村振兴战略的实施中，凝聚乡村人口，增强农村发展动力的各类政策、各类涉农资金也将形成整合之势，为农村土地财产价值的实现带来巨大的现实市场。另一方面，乡村振兴战略的实施将更加重视农民财产权益保护，要求各项改革举措把农民利益放在首位。这就要求探索农民土地财产性收入实现渠道需在全面考虑农村发展和农民需求的基础上进行，探索符合农民权益和农村第一、第二、第三产业融合发展新形势需求的土地财产性收入实现之路。2017 年国土资源部、住房和城乡建设部关于印发《利用集体建设用地建设租赁住房试点方案》的通知（国土资发〔2017〕100 号）提出利用集体建设用地建设租赁住房试点改革，确定在北京、上海等十三个城市开展试点工作，意味着农村土地财产功能价值的发挥有了更大的政策空间。

目前，全国已经出现了广东南海模式、天津滨海新区“宅基地换房”模式、浙江嘉兴“两分两换”模式、江苏昆山模式、成都城乡统筹模式及重庆地票模式等集体建设用地流转的多样化模式，形成了农村集体建设用地直接入市的出让市场、出租市场的实物交易市场以及城乡建设用地增减挂钩指标和重庆地票交易的虚拟市场等市场形态，为集体建设用地入市促进农民土地财产性收入实现提供了丰富的案例。事实上，农村集体建设用地是当前农村土地最大的财产性收益来源，这部分价值的释放，不仅可以改变农村建设用地低效利用的状态，更为重要的是给予了农民获取土地资本后发挥参与市场竞争的主观能动性（唐健等，2014a）。

1.2 研究价值

我国依靠土地资源粗放消耗、劳动力廉价供给来推动的速度型城镇化已经不可持续，探索以人为核心的新型城镇化，需要开辟新的实现途径。应当看到，在新型城镇化进程中，土地的乡城转化速度更快，土地财产的价值量发生巨大变化，农民实现土地财产性收入增加具备更好的环境。在“地随人走”“带地进城”“城乡建设用地增减挂钩”的政策引导下，越来越多的地方政府通过尝试引导农民带着土地资产进入城市来解决农民工市民化成本的问题，促进以人为核心的新型城镇化。而在乡村振兴战略的引导下，农村土地财产的巨大潜力价值也找到了实现的路径。目前，这些政策的实施都带有探索的性质，在促进农民土地财产性收入的目标导向下，有成效，也有问题。特别当城镇化进入中后期发展阶段，对城镇化过程中出现城乡间、区域间不平衡的问题，农村发展不充分等现实问题需要得到理论支撑和指导。因此，从现实价值来讲，探索农民土地财产性收入的实现渠道，是新型城镇化进程中平衡城乡关系的迫切需求。

围绕“人”“地”“财”三个系统，探讨城镇化进程中土地物质形态和发展权益变化与农民土地财产性收入增长关系，是探索新型城乡关系的理论要求。我国农民与土地相关的收入问题始终与城镇化发展要求密切相关。农民土地财产性收入问题的研究一直放置于城镇化发展这条主线之下。在城镇化发展战略发生根本性转型以及农民土地财产性收入实现的市场环境发生巨大变化的情况下，将新型城镇化发展内涵机制应用于农民土地财产性收入增长中，重新审视土地财产性收入与新型城镇化两个紧密关联系统的作用反馈机制，揭示二者的互动机理，立足“人”“地”“财”三个子系统良性互动循环，提出适应我国国情的农民土地财产性收入增长的实现渠道以及相配套的政策体系，将进一步丰富新型城镇化理论，为进一步深化农村土地制度改革，发挥农村土地财产价值功能，建设富裕美丽乡村奠定理论基础。

1.3　研究目标及内容安排

1.3.1　研究目标

（1）理论目标：通过对土地财产性收入的内涵与特点、农民土地财产性收入构成与来源以及基于潜力测算的农民土地财产性收入增长空间等理论问题的阐述，并重点围绕“人”“地”“财”三个系统，探讨城镇化进程中土地物质形态和发展权益变化与农民土地财产性收入增长关系，结合我国社会经济转型要求、“四化”同步发展、乡村振兴战略和深化农村土地制度改革的总体趋势，从理论上进一步整合完善我国新型城镇化背景下农民土地财产性收入的实现渠道。

（2）现实目标：通过理论梳理、对比分析、案例剖析，根据我国农用地、农村建设用地等不同类型农村土地资源的财产化路径，多维度构建我国新型城镇化背景下实现农民土地财产收入的基本思路与框架，为国家和地方政府探索和健全城乡一体化发展体制机制，深化农村土地制度改革提供实践依据。

（3）政策目标：基于我国快速城镇化和农村土地制度改革现状及存在的问题，以及农村土地资源类型和土地制度改革的重点方向，全面系统剖析农民土地财产收益实现渠道面临的制度性障碍及各试点地区所取得的成效，从内部制度完善、外围制度配合等方面提出畅通农民土地收入渠道的政策建议。为政府相关部门在健全城乡融合发展体制机制、深化农村土地制度改革过程中有关农民土地权益保障提供具体的政策支撑。

1.3.2　内容安排

（1）新型城镇化与农民土地财产性收入理论阐述及联动配套改革需求分析。从理论层面厘清新型城镇化与农民土地财产性收入之间的关系。通过人口城镇化过程中涉及的农民土地财产权能体系、制度框架、实现渠道、收入分配标准等方面的理论分析，阐述新型城镇化建设与农民土地财产性收入改革联动配套的国家需求、地方需求和农民需求，为新型城镇化背景下实现农民土地财产收入提供理论支撑。

（2）新型城镇化背景下农民土地财产性收入实现的潜力评估。采用实证分析法和比较研究法，结合典型案例区域和农村耕地资源、集体建设用地资源的利用情况和利用需求等，在对农村土地资源特性进行定性分析的基础上，构建理论分析模型，从农用地质量提升、农村集体建设用地市场化交易潜力价值等方面，定量估算农民土地财产性收入实现的潜力。

(3) 发展权转移中的农民土地财产性收入实现。基于制度变迁理论、交易成本理论等，从历史视角对城乡建设用地增减挂钩的制度运行环境和改革经验进行梳理，结合我国社会经济发展转型和“四化”同步发展要求，对比分析我国当前所处经济社会发展阶段、城镇化水平和自然地理等外部条件约束下，城乡建设用地增减挂钩制度的定位、政策环境和资源配置效果，对典型的城乡建设用地增减挂钩制度创新模式进行对比分析。将重庆地票作为典型模式，系统阐述其设计原理、运行机制及功能体系，分析不同利益主体在地票交易中获取的财产性收益情况及地票收益对农户后续生计选择的影响。

(4) 集体经营性建设用地入市中的农民土地财产性收入实现。在对各地开展的自主探索集体建设用地入市和国家统一部署的经营性建设用地改革进行比较分析的基础上，重点对集体经营性建设用地入市收益分配制度进行了对比分析，深入剖析集体经营性建设用地入市促进农民土地财产性收入增长的机理及制约因素，并提出促进农民土地财产性收入增长的措施。

(5) 农业综合开发补助项目投入中的农民土地财产性收入实现。通过对农业综合开发财政补助投入项目促进农民土地财产性收入实现的渠道梳理，深入分析农业综合开发财政补助投入项目促进农民土地财产性收入增加的案例，分析农业综合开发项目财政补助投入促进农民土地财产性收入增的制约因素和解决路径。

(6) 土地征收制度改革中的农民土地财产性收入实现。通过对土地征收过程中的土地财产增值机制分析，厘清土地征收过程中农民获取的土地财产性收入类型和特征，归纳提炼新型城镇化背景下征地制度改革中农民土地财产性收入实现机制及其政策体系，探索新型城镇化建设中征地制度改革与农民土地财产性收入实现的合理路径。

1.4 研究思路与方法

1.4.1 研究思路

本研究以人地协调理论、城镇化理论、制度变迁理论、土地发展权理论等为理论指导，以新型城镇化发展与农民土地财产性收入实现渠道如何匹配为出发点，以市场化手段实现农民市民化过程中人口“户籍”流动与农民土地“地籍”财产收入实现渠道建设为研究主线，从经济学、管理学及资源科学等多学科交叉与协同的视角，综合运用规范与实证、定性与定量相结合的研究方法，对新型城镇化和农民土地财产性收入等核心概念的内涵界定及其内在作用机制进行深入研究。以农民土地财产性收入构成进行理论阐述的基础上，采用面上调查、实地问卷调查、座谈等方式收集相关数据资料，结合农民土地财产性收入实现改革探索的典型案例，从农地财产性收入、宅基地财产性收入、集体经营性建设用地财产性收入三个类型入手，剖析新型城镇化背景下农民土地财产性收入实现面临的制度性障碍及其瓶颈产生原因。对新型城镇化背景下农民土地财产性收入构成及实现渠道进行系统分析，对比分析土地发展权交易的农民土地财产性收入实现、集体经营性建设用地入市财产性收入实现、土地征收制度中土地财产性收入实现、农业综合开发投入股权化改革中土地财产性收入实现、农地质量提升与农民土地财产性收入实现的机制，提出新型城镇化背景下农民土地财产性收入实现的总体改革思路及拓展农民土地财产性收入实现的政策建议（图 1-1）。

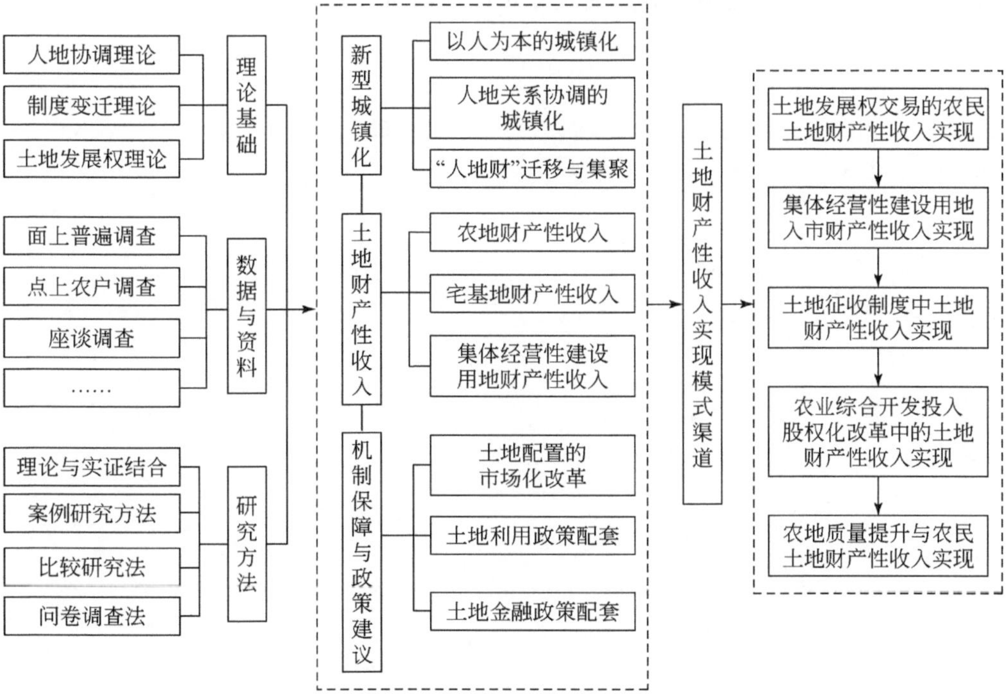

图 1-1　新型城镇化背景下农民土地财产性收入实现渠道与改革路径研究框架

1.4.2　研究方法

（1）规范分析方法。通过归纳分析、演绎分析和推理分析相结合，对新型城镇化与农民土地财产收益的概念及内涵、需求和障碍、实现渠道和内外机制等进行规范分析。

（2）实证分析方法。采用参与式农村评估法和统计分析方法，分析新型城镇化背景下实现农民土地财产性收入面临的制度障碍和制度瓶颈产生的原因，对新型城镇化背景下现行农民土地财产性收入制度实施绩效与制度缺陷进行定量定性评估，归纳提炼实现农民土地财产性收入的各类渠道改革理论要点，使用范围及其政策演进，引入系统论方法分析新型城镇化与农民土地财产收益的内在经济关联，构建联动改革框架体系及其制度运行体系。

（3）比较研究方法。分析对比不同经济发展阶段、城镇化水平和城乡人地关系等外部约束因素下，农民对不同土地财产收益实现渠道的行为响应和利益诉求，提出新型城镇化背景下农民土地财产收入实现渠道总体改革思路，探索新型城镇化建设与农民土地财产收入实现渠道改革的合理路径。

第2章　新型城镇化与农民土地财产性收入增长的理论分析

2.1　新型城镇化进程中的“人-地-钱”挂钩原理及运行机制

2.1.1　“人-地-钱”挂钩原理

城镇化是人口向城镇迁移和非农业经济活动在城镇地区集中的过程，说到底就是各类资源要素向城镇流动和集聚的过程，是人类文明发展的重要标志，也是人类社会经济发展的必然趋势，直接表现为城镇居住人口比重的上升和第二、第三产业就业人口比重的提高。多数城镇化进入成熟阶段的发达国家，非农就业人口比例和城镇人口比重是同步的，而发展中国家由于城镇化发展阶段的突变特性以及相关居住、就业等体制机制问题，呈现出城镇人口和非农就业人口不同步的现象，体现为城镇人口未能获得足够的非农就业岗位，或者非农就业过度分散未能在城镇有效集聚两种现象。

新型城镇化的本质是“人的城镇化”，即以农业转移人口市民化为核心，将符合条件的农业转移人口纳入当地社会保障体系，保障同工同酬及基本公共服务均等化。激励机制缺失和以GDP（国内生产总值）为核心的政绩考核方式是“人的城镇化”滞后的主要原因，《国家国民经济和社会发展“十三五”规划纲要》提出要建立健全“人-地-钱”挂钩政策（冯长春等，2016）。新型城镇化是以人为核心的城镇化，所以，“人-地-钱”挂钩的内涵应当是“以人为根本，以业为核心，以地为保障，以钱为支撑”。也就是让地随人走，建设用地的增长与城市人口规模扩大挂钩，人的安置与产业发展提供的就业挂钩。城镇的产业发展为流动人口提供就业保障，人口流动为产业发展提供劳动力，土地在整个过程中实现载体的作用。其中，城市的产业发展及其对流动人口就业的带动是核心。“人-地-钱”挂钩的本质是通过产业的发展带动人口、土地和资金等要素流动，在此过程中促进城镇化和城乡统筹发展。因此，“人-地-钱”挂钩可理解为：依据土地利用总体规划和区域社会经济发展规划，为解决城镇化进程中的人地矛盾，协调人口城镇化与土地城镇化的关系，以区域城乡建设用地和耕地动态平衡为前提，以保证城市发展、保护粮食安全、保障农民权益为目标，通过区域建设用地总量管控、交易规模上限控制、土地综合整治等措施，最终实现城镇建设用地增加规模与吸纳农村人口进入城市定居规模相挂钩、城市化地区建设用地增加规模与吸纳外来人口进入城市定居规模相挂钩，引导区域内人口要素和土地资源合理配置，促进城镇化进程中地区之间、城乡之间人地关系协调发展的土地利用管理举措（冯长春等，2016）。“人-地-钱”挂钩以产业的发展为前提，产业发展既为人口集聚提供条件，又为劳动力的集聚提供需求。

挂钩人口可分成三大类：第一类是完全城镇化人口，即永久定居在城镇中，不需要留有宅基地的人口；第二类是半城镇化人口，即进城务工人员，但还需要留有宅基地的；第三类是低城镇化人口，即迁至新型农村社区居住，留有宅基地的人口。这三类人的城镇化程度和质量是不同的，他们在城镇享受到的居住、就业和公共服务程度也不同，所以他们可以挂钩的建设用地指标面积也是不同的。“人-地-钱”挂钩机制是新型城镇化的内生发展机制，“任何制度安排均镶嵌于整个制度结构中，其适应性效率取决于其他制度实现其功能的完善程度”。为此，应建立健全“人-地-钱”挂钩机制，深化以户籍、土地和财政为重点的制度联动改革（袁方成和靳永广，2017）。新型城镇化进程中“人-地-钱”挂钩的原理如图 2-1 所示。

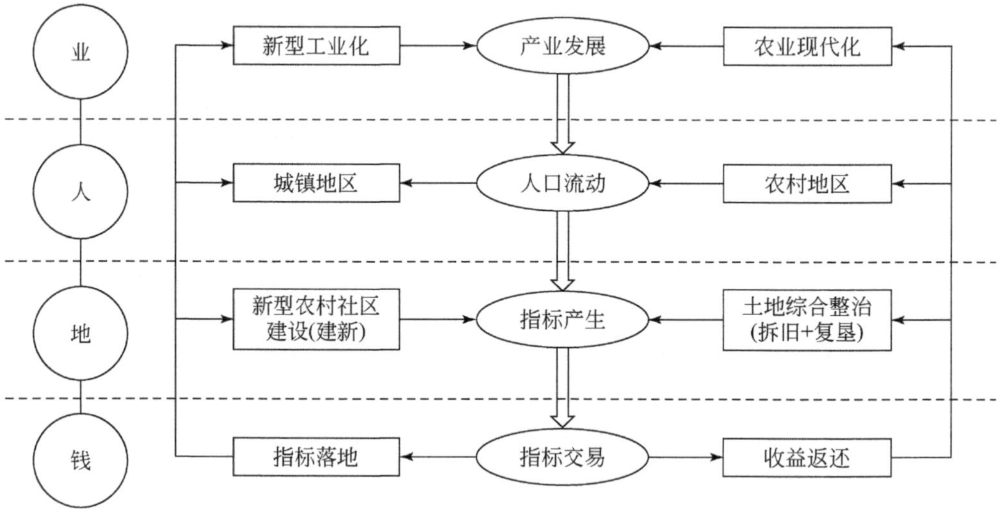

图 2-1　新型城镇化进程中“人-地-钱”挂钩原理示意图

资料来源：冯长春等，2016

2.1.2 “人–地–钱”挂钩运行机制及思路

欠发达地区城市开发建设还处于起步阶段，政府土地财政依赖性大，以土地红利为支撑的发展模式还没有得到转变，征地冲动难以遏制。未来一段时间，欠发达地区还将面临巨大的城镇化建设任务，其城镇空间拓展还有较大需求，城镇基础设施建设还有大量的土地资源和资金量的需求。在土地财政的路径依赖下，地方政府还将继续依靠土地财政模式。此类区域实现农民土地财产性收入增长的主要渠道是加强城市近郊农村人口的吸纳能力和农村人口迁移城市的农村推动力，将农村人走和城市地扩结合起来，以“人–地–钱”挂钩的模式遏制跃进的土地城镇化与滞后的人口城镇化的趋势。

1. “人–地–钱”挂钩模式运行机制

通过财政转移支付与转移人口市民化挂钩，可以有效化解地方政府吸纳转移人口市民化成本不足的难题，建立激励吸纳转移人口的长效机制；同时通过多补、少补、不补（甚至惩罚性倒扣）等差别化激励措施，有效引导不同地区城镇化进程。城镇建设用地新增指标与农业转移人口落户数挂钩，直接限制了城镇化脱离“人”这一关键要素的盲目扩张。新增用地与市民化挂钩使城镇化规模扩张受到人口约束，有利于城镇化与产业集聚、人口市民化协同发展、相互促进，内生的城镇化边界，能有效控制城镇化“摊大饼”，从根本上斩断了产生“空城”和“鬼城”的可能性。

基建投资资金补偿与农业转移人口市民化挂钩，有助于增强基础设施薄弱城镇市民化能力和吸引力，并提升转移人口的落户意愿；通过市民化吸纳能力与基建资金补偿关系的动态调整，有利于盘活土地存量、促进传统城镇化遗留问题的解决，加大挖潜力度、提高土地利用效益，提升新型城镇化的内涵发展质量，更好地促进“人–地”关系协调发展，真正使城镇化走向集约高效（宣宇，2016）。图 2-2 为“人–地–钱”挂钩模式运行机制。

2. 推进“人–地–钱”挂钩模式的思路

推进“人–地–钱”挂钩模式关键是收益返还机制，以及如何维护农民权益。事实上，“人–地–钱”挂钩是一项涉及面较广的系统工程，要打通“人往城转、地随人走、钱从地出”这一链条，还需要置身于更大的宏观背景中来考虑，统筹推动财政、户籍、社保等一系列制度改革。在“人–地”挂钩实践中，地方也在积极探索解决“钱”的问题。例如，多地建立了土地整治中心和

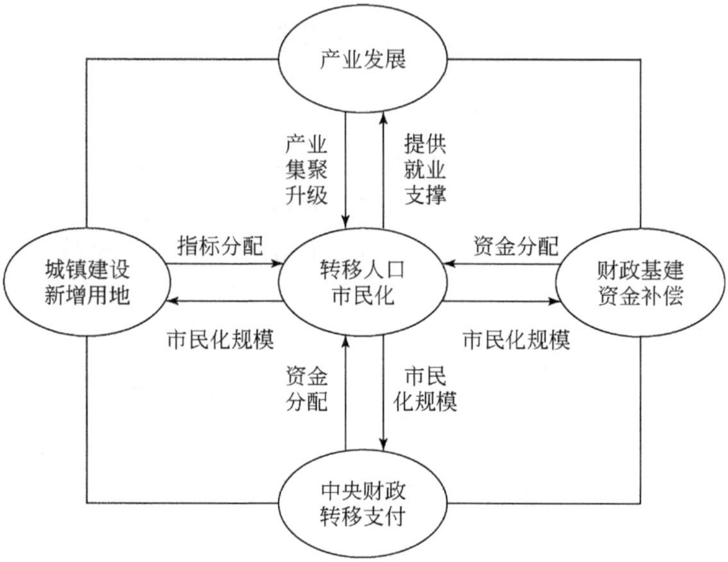

图 2-2 “人-地-钱”挂钩模式运行机制

资料来源：宣宇，2016

土地矿业权交易中心，承担实施土地综合整治及结余建设用地指标、补充耕地指标交易和农村集体建设用地使用权流转等重要职能，并实行竞买国有经营性建设用地使用权，缴纳建设用地指标价款制度筹措资金，建立并公开运行土地指标市场（薛亮，2016）。

2.2 农民土地财产性收入的内涵及其特点

2.2.1 农民土地财产性收入的内涵

财产性收入，也称资产性收入，指通过资本、技术和管理等要素参与社会生产和生活活动所产生的收入。即家庭拥有的动产如银行存款、有价证券和不动产如房屋、车辆、收藏品等所获得的收入，包括出让财产使用权所获得的利息、租金、专利收入；财产营运所获得的红利收入、财产增值收益等。国家统计局对财产性收入的定义为金融资产或非生产性资产所有者向其他机构、单位提供资金或将有形非生产性资产供其支配，作为回报而从中获得的收入。从内涵来看，财产性收入是财产所有者通过对财产的直接经营或让渡财产的所有权、使用权而获得的经济利益，是财产所有权在经济上的实现，农民财产性收入中最主要的来源是土地财产性收入。

国外对土地财产性收入的研究始于生产要素分配论和劳动价值论。古典政治经济学创始人威廉·配第基于地租、利息视角，提出了地租论，认为地租是剩余价值的基本形态。此后的亚当·斯密、大卫·李嘉图继续完善了这个理论，认为地租是地主由于占有土地而取得的不劳而获的收入。新古典经济学派让·巴蒂斯特·萨伊创立了“三位一体”的财产性收入理论，以效用价值论为基础，把各种财产性收入视为各种形态的财产要素在生产中所提供的服务的报酬。阿尔弗里德·马歇尔创立了供求均衡价格决定的财产性收入理论，认为在完全竞争的条件下，工资、地租、利息和利润正好分别等于劳动、土地、资本和企业家这四大生产要素所创造的边际收益产品，即每一个收入的获得者就是该收入的创造者（陈晓枫，2010）。马克思主义经济学在劳动价值论、剩余价值论的基础上明确了财产性收入的本质，此外还有西方学者从土地市场理论的角度研究了土地作为生产要素的使用和分配。我国关于农民土地财产性收入的研究起步较晚，党的十七大之后才渐入学界视野，主要从财产性收入的概念、实现条件、农民财产性收入的方式等方面研究了土地财产性收入的内涵（陈淑琼，2015），在产权分析的基础上认为，农民土地财产性收入是指农民通过对自己所拥有的土地行使占有权、使用权、收益权、处置权等所取得的相应收入，即农民对所拥有的土地通过出租、转让、分红等方式所获得的收益；在分析其本质的基础上提出，农民的土地财产性收入，即农民凭借其土地不动产直接取得的非生产性收入。农民土地财产性收入是在保证农业用地的性质不变的情况下，通过出让其对土地的占有权、经营权而得到的补偿性或收益性收入。农民土地财产性收入包括土地补偿收入、红利收入、租金收入和集体土地财产收入，或者是租金、土地征用补偿和土地转包收入等。但是并非所有财产都可以转化成财产性收入，作为自然资源的土地要为农民带来收入，首先要拥有完整的产权、能够被财产化，同时还要在市场化过程中“显化”其资产价值（卢阳等，2017）。

综合以上观点，农民土地财产性收入的实现应具备以下四个基本要素：①主体为农民，包括农民集体和农民个人（农户），土地财产性收入可能是所有权在经济上的实现，也可能是使用权或经营权在经济上的实现，前者的直接产权主体是集体，集体获得的土地财产性收入又有部分可能分配给作为集体成员的农民；后者的直接产权主体是农民。②以土地产权为客体，包括集体土地所有权，集体土地使用权以及农民个人的土地经营权、使用权等权能。③产生条件是必须有土地产权让渡，以及产权主体不同或者说所有权和使用权、经营权相分离。④属性为非生产性收入。例如，农民将农地经营权流转给企业，同时到企业务工，所获收益包括流转收益和工资，其中仅流转费为土地财产性收入。因此，可以对农民土地财产性收入做出如下界定：农民土地财产性收入是农民对其拥有的土地产权发生让渡过程中获取的非生产性收入，包括农村集体土地被征收征用时获取的部分土地补偿费和土地经营权、使用权交易流转中获取的仅与产权相关的非生产性收入，是农民的土地产权在经济上实现的形式。

2.2.2 农民土地财产性收入的特点

（1）产权的依赖性。完整的产权是由使用权、交易权、收益权及发展权等权利组成的权利束。依靠土地财产获取的收入，无论是哪种类型的土地，无论是哪种收益获取的方式，其共同的特性是依靠产权的交易获取收益。因此，财产性收入的多少，直接取决于产权主体拥有的产权强度，具体包括产权的完整性、完全性。农民拥有的农村土地产权包括农用地承包权、经营权、宅基地使用权以及作为集体成员分享的集体土地所有权。凭借农地承包权退出，农地经营权的流转获取的土地流转收入、宅基地使用权流转获取的租赁收入、集体经营性建设用地入市交易的溢价（租金）收入以及集体土地向国有土地转换形成的土地征收补偿收入均属于农民的土地财产性收入。应当注意的是，尽管我国农村土地属于集体所有，但在私法理念下的财产属性日益强化。通过对农村土地权利进行细分，如以农地两权分离发展为“三权分置”等，进一步强化农民土地财产权益的实现。

（2）来源的非生产性。土地既是资产也是资源。以土地为要素和载体，在其上投入劳动资本获取的生产性收入是非财产性收入。因此，在审视土地财产性收入时，需要把因投入人力劳动获取的生产性收入排除在外。例如，征地补偿收入是农民土地财产性收入，但其中因对农民所种植的农作物补偿的青苗补助费属于生产性收入，不应纳入财产性收入范畴。

（3）实现形式的多样性。农民土地财产性收入的多样性，首先体现在土地产权的多样性，虽然宅基地使用权的收益、处分权能仍在探索试点中，但现实中已经为不少农民带来了收入，因此能带来财产性收入的产权包括土地所有权、农用地承包权、农用地经营权的收益权和处分权以及宅基地使用权的占有、收益、处分权。其次，多样性还体现在产生条件的多样性，包括征收、征用、流转等获取的收入，其中土地流转收入类型多样，如出租收入、入股收入、抵押收入等。

（4）计量的复杂性。农民土地财产性收入计量的复杂性，首先是因为财产性收入的多样性，造成土地财产性收入难以计量。其次是因为土地财产性收入是非生产性收入，而土地往往作为生产要素投入到生产经营中，在土地总收入中要准确计算土地财产性收入，就需要准确计算其他收入，但要素应分配收益受多种因素制约难以准确计算，这也为土地财产性收入的计量增加了难度。最后是因为各地的政策文件不同，因此需要因地制宜地对土地财产性收入进行计量。

（5）制度政策的主导性。土地财产进行直接交易的权利是由相关土地市场、产权等制度赋予的。例如，征地制度确定的补偿标准直接影响农民获取的土地征收补偿收益。又如，过去一段时间内，我国对集体建设用地市场采取禁止的政策管理规定，直接限制了农民从集体建设用地资源中获取土地财产性收入。而城乡统一的建设用地市场建设政策，打开了农民获取集体建设用地财产性收益的途径。政策的改变是对农民土地财产性收入产生的重要直接影响因素之一。与此同时，农民对政策的理解度以及政策执行的参与度等，也会在一定程度上影响农民获取土地财产性收入的能力。

2.2.3　新型城镇化对农民土地财产性收入增长的影响

在城镇化进程中，随着大批农业人口向工业部门及其他部门的转移，农民群体通过土地征收、房屋租赁、金融理财和土地经营权流转等方式获得一定财产性收入。农民的财产性收入表现出增长迅速、上升空间巨大等特点。在我国城镇化不断推进的过程中，个人边际生产率低下的农村大量剩余人口逐渐向现代工业部门乃至服务业部门转移，这既推进了工业化进程的发展，也促进了农村剩余劳动力就业和提高农民收入。从经济学理论的视阈来审视，城镇化过程主要通过以下途径来影响农民的财产性收入（杨海宁和李小丽，2016）。

（1）通过土地征收实现农民的土地财产性收入。在城镇化进程中，由于城市规模不断扩张，城镇占地规模扩大，城镇用地不断向城郊农村地区拓展，在此过程中，被征地农民通过让渡土地所有权使用权获得财产性收入。此外，随着农村剩余劳动力不断向城镇转移，农村大量闲置土地将会作为农民的固定资产作价入股农业经营企业，获得企业发展股权分红，从而获得财产性收入。

（2）通过房屋租赁获得财产性收入。城镇化进程中，随着大量农业剩余劳动力向城镇转移，进城务工的农民将大量增多，导致对住房的需求增加。但这部分劳动者大多收入水平低，难以承担城市区域的高房租，租住地的选择会向城郊靠拢。城郊的农民在城镇化的过程中拥有大量的闲置住房，可以将房屋进行出租并获得房屋租金收入。一部分农民也可能居住在城里，将其农村的住房进行产权转移，进而获得财产性收入；或者通过改造租与他人发展乡村旅游业等，获得财产性收入。

（3）通过理财获得财产性收入。城镇化在一定程度上改变了农民的理财观念，为其带来了财产性收入的增加。随着城镇化进程的推进与深入，农民受教育程度提高，视野变宽，思想观念转变，同时城乡交流增强使得农民形成了一定程度上的理财观念，以银行储蓄为主的传统理财方式在新形势下逐渐改变，信贷入股等新的理财方式进入农民的生活，农民财产性收入所占比重增加，改变农民旧有的收入结构。

（4）通过流转土地经营权获得财产性收入。在城镇化进程中，随着大量农业人口向城市及第二、第三产业转移，以前在农村随处可见的家家包地、户户种田的局面已经发生根本性变化。截至 2016 年 6 月，在全国 2.3 亿农户中，流转土地农户超过了 7000 万户，流转比例超过 30%，东部沿海发达省份农民转移多的地区这一比例更高，超过 50%①。土地承包权主体同经营权主体分离现象越来越普遍，越来越多的农民在保留土地承包权的同时，通过流转土地的经营权获得财产性收入。

2.3 人口城镇化涉及的农民土地财产收入

2.3.1 人口城镇化过程

人口城镇化是指人们融入城市，接受城市生活方式和价值观念的转变，包括从事第二、第三产业就业，在城市生活、居住、消费等行为。深入考察我国人口城镇化的微观过程发现，基于城郊农民群体、进城务工群体、两栖流动群体三类主要的城镇化人口群体的迁移阶段性特征，形成了“农民—市民”直接城镇化以及“农民—农民工—市民”两阶段城镇化过程（图 2-3）。

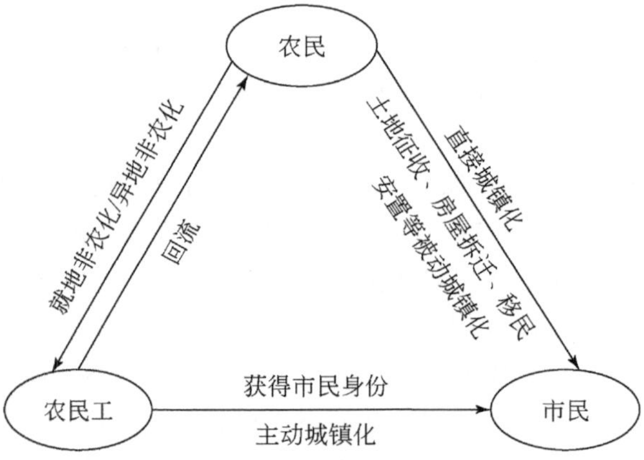

图 2-3　人口城镇化过程示意图

① 全国流转土地农户超过 7000 万［EB/OL］. http://news.hexun.com/2016-11-03/186723114.html,［2016-11-03］。

（1）“农民—市民”直接城镇化过程。据统计，我国因非农建设占用耕地每年需征地 17 万 ~ 20 万公顷。1987 ~ 2001 年，全国征地面积约为 226 万公顷，2002 ~ 2010 年约为 145 万公顷，共计 371 万公顷（国务院发展研究中心课题组，2011），合 5565 万亩①，按人均 2 亩地推算，约 3000 万人失去了土地，其中大部分由农民转变成为城镇居民即“农转非”。这部分农民名义上已经市民化了，但实际上并没有真正市民化，有人对失地农民的境况这样描述：“种地无田，上班无岗，社保无份，创业无钱。”这一描述也许有些夸张，但失地农民在城镇公共服务等方面没有享受与原城市居民的同等待遇，应是不争的事实。

（2）“农民—农民工—市民”两阶段城镇化过程。农民工是指我国户籍所在地在农村，但就业生活在城市的劳动人口，农民工市民化是指这部分在城镇就业生活的农村户籍人口逐步获得城市户籍，享受和城镇居民同等的经济、社会和政治待遇的过程。在我国城镇化发展过程中，大批农村劳动力在城市就业，其身份和社会权利以及思想价值理念、生产生活方式等各个方面都脱离了传统的农民，而逐步接近城市居民。这个过程具体包括三层意义的转变：一是农民职业的转变，即由传统的从事以农业生产为主的活动转变为从事第二、第三产业生产服务的活动；二是居住空间的转变，即由传统地居住在农村地域，转变为向城市空间集聚；三是身份地位的转变，即逐步获得以户籍身份为代表的城镇人口地位，享受城市的医疗、教育、社会保障等各类配套制度，并在这个阶段完成农民工自我市民化身份的认同，思想观念和生活习惯转变为市民化行为。由于生产技术的进步和劳动分工的细化，农村劳动力大量转移到城市是必然的趋势。然而由于历史上二元经济、制度体系的隔阂，农民工市民化面临许多阻碍。大多数农民因就业方式的转变完成了由从事农业的农民到农民工身份的转变，而由于获取市民化身份的成本门槛限制，完成了农民工身份转变的农民无法进行第二阶段的市民化转变。

改革开放以来，我国各个地区形成的民工潮，即是第一阶段市民化转变的具体体现。改革开放之初（1980 ~ 1990 年），全国的“民工潮”每年以 250 万 ~ 550 万人的速率递增；1992 ~ 1998 年，全国第二次“民工潮”大约有 6800 万的农民工，即每年从农村转移到城市里的农民工约有 1100 万人；第三次“民工潮”，即 1999 ~ 2008 年，全国约有 1.6 亿农民工进城务工，每年有 1600 多万农民工进城。

我国从第五次人口普查开始，将进城就业并居住半年以上的流动人口计入城镇户口，按照这一口径计算，2007 年我国城镇化率为 44.9%，在被统计为 5.9 亿的城镇人口中，有 1.6 亿是农业户籍人口，占了城镇人口的 27%（王春超和荆琛，2012）。2011 年我国城镇化率已达 51.3%，其中，城镇人口 69 079 万人，

① 1 亩≈666.7 平方米。

如果按照农业户籍人口仍占城镇人口27%的比例推算，则6.9亿城镇人口中有约1.9亿为农业户籍人口。

2.3.2 人口城镇化进程中的土地财产权益变化

土地权益是以土地作为财产客体的各种权利的总和，包括土地的所有权，以及构成土地所有权的占有权、使用权、收益权、处分权、租赁权、抵押权、继承权等权能。农村人口就业、生活方式向城市转变，农村地区的土地财产权益也相应随之转变。人口城镇化涉及的土地财产权益变化，主要是指在人口的生产生活方式发生转变的影响下农村土地财产权益如何发生变化。按照人口在城市空间集中后，城乡人口结构、空间结构和产业结构都发生改变的规律，城镇化发展对农民土地财产权益的影响包括由于农村人地关系变化、农村土地区位条件和土地集约利用方式的改变，农村土地开发价值等发生根本性变化等方面，具体如图2-4所示。

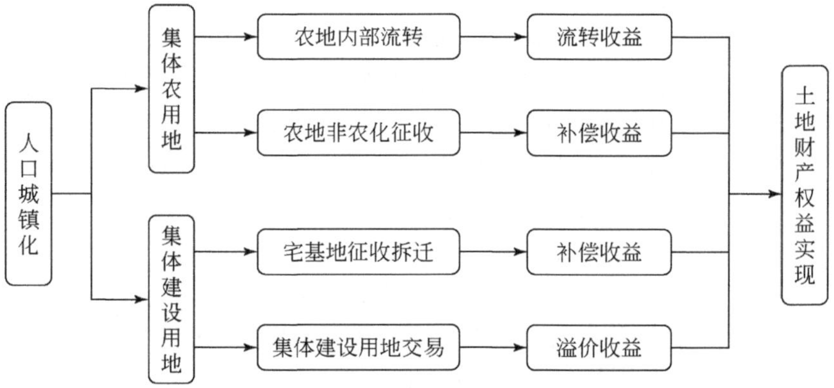

图2-4 人口城镇化过程涉及的农民土地财产权益

首先，农村剩余劳动人口向城市集聚，在农村地域的劳动人口减少，人均可占用的土地资源量增加，使得农村土地进行流转和规模化经营的条件更加成熟，土地流转的需求增加，农村土地利用的集约化趋势增强；其次，城市的产业结构升级，第二、第三产业吸纳劳动力的能力增加，创造出更多的就业岗位，也产生更多的城市用地空间需求，促进土地资源在城乡之间再分配，用地结构由第一产业向第二、第三产业转变，而进入到第二、第三产业有稳定收入来源的劳动力对农村土地的依赖逐渐降低，农村宅基地、集体建设用地进行交易流转的市场潜力增强，农村散居向集中居住区的转变需求加强；最后，城市空间扩张，使城市近郊地区的农用地直接转换为建设用地，而远郊地区则通过发展权转移及承担耕地保护的职责，获取城市开发带来的土地价值提升收益。

总体来看，农村人口向城镇转移后，农村土地利用方式和利用程度发生变化，这种变化必然伴随着农村土地利用权益的变化。如果这些变化充分考虑了农民土地财产权益，并通过公平的市场渠道进行交易，那么人口城镇化的过程则不会影响农民土地财产权益，从而让农民能在城镇化的过程中分享到更多土地财产性收入。现实中，各种类型的土地财产权益往往是市场配置和政府管制相结合的行为，农民土地财产权益并没有得到充分、完全的保障。因此，在城镇化过程中，保护农民土地财产权益一直是国家重视、社会各界关注的问题。

2.4　新型城镇化与农民土地财产性收入实现及增长的内在联系

2.4.1　人的城镇化与市民化成本

刘易斯提出的二元结构模型解释了劳动力由传统的农业部门向高利润的工业部门就业转移的机制，该模型认为由于传统农业部门存在劳动生产力边际产出接近零的点，因此大量的劳动力由传统农业部门向工业部门迁移并不影响农业部门的产出，较好地解释了近几十年中国城乡人口的迁移机理。现实中，许多发展中国家的农村移民进入城市后会产生大量失业人口。哈里斯（Harris）和托达罗（Todaro）基于一生收入预期，建立 HT 模型解释了农村劳动力转移进城的动机，认为如果城市的预期工资高于农村会产生过量的迁移，导致城市失业增加（Abdullah et al.，2015），又被称为托达罗悖论。一些研究基于 HT 模型的基本原理，对其进行扩展，考虑更多因素对城乡人口迁移的影响。加入城市土地租金因素的分析认为，由于城市人口扩张而导致的城市土地租金上涨、城市生活成本增加会限制农村人口迁移（Brueckner and Kim，2001）。许多发展中国家的人口城乡迁移机理都可以用 HT 模型得到揭示。农村的推动力可以产生城乡人口迁移，如农村劳动生产率提高、土地压力、自然灾害、贫困等因素的推动（Gollin et al.，2002；Barrios et al.，2006；Mata et al.，2007；Gollin et al.，2016）。一些来自城市的拉力也是城乡人口迁移的动因，如政府采用城市偏向政策，将国家收入用于城市商品和服务、增加城市公共设施（Jedwab and Vollratb，2015；Christiaensen and Todo，2014）。

我国的户籍制度即是限制内部迁移防止城市失业率增加的政策措施，正是有了这种内部迁移的限制，我国过去的城镇化进程中才没有出现大量的贫民窟、失业潮等现象。但这种限制人口迁移的政策导致我国过去的城镇化出现“人”的城镇化和“物”的城镇化相分离的现象，忽视了“人”的城镇化，造成了转移到城市就业的人口就业和户籍、收入和财富在城乡两地分割（孙东琪等，2016）的“半城镇化”“不完全城镇化”现象。过度注重“物”的城镇化，城市用地规模过度扩张，出现了人地矛盾、资源环境危机、贫富差异等人口、经济和社会发展等问题。片面追求高速城镇化，引发的过快的城镇化增长和空间扩张会带来严重的经济社会和环境危害（陆大道，2007）。新型城镇化是针对城镇化发展到一定阶段出现的一系列社会经济和环境问题，对城镇化的重新认识。特别是我国进入了城市化发展的快速阶段，是社会矛盾集中爆发的阶段，也是城镇化、工业化、农业现代化、信息化“四化”协调发展的关键时期。新型城镇化的提出是针对城镇化进程中出现的片面追求城镇化数量和规模，忽略城镇化质量而引发的经济、社会和环境失衡问题，对城镇化发展内涵、模式和途径的再认识。2014年印发的《国家新型城镇化规划（2014—2020年）》，是我国城镇化发展战略从速度、数量导向型向质量导向型转变的重要标志（Fang et al.，2015）。而相关研究对传统的我国城镇化水平滞后观点的质疑和对我国城镇化发展偏快的反思已经有较为丰富的积累。其中，陆大道提出的对我国“冒进式城镇化”现象的反思系列研究是新型城镇化的早期标志性的研究成果（陆大道等，2007）。近年来，相关研究从新型城镇化的特征内涵、发展路径、动力机制及对策建议等方面探讨新型城镇化新在何处以及如何实现的问题（吴江等，2009；单卓然和黄亚平，2013；张占仓和蔡建霞，2013；孙振华，2014；蒋晓岚和程必定，2013；吴江和申丽娟，2012；Chen et al.，2016）。新型城镇化涵盖节约资源、绿色循环、共享福利（董晓峰等，2017），以及城乡一体化发展、人口资源产业协调发展、大中小城市统筹发展、产业发展方式转变、城镇化质量升级（彭红碧和杨峰，2010；张荣天，2016；徐选国和杨君，2014）等丰富内涵。其中，最为重要的是“人”和“物”协调发展的城镇化。“物”的城镇化理当围绕“人”的城镇化，为其支撑物质条件。

要破解“半城镇化”“不完全城镇化”现象，实现以人为核心的新型城镇化，关键是解决农民工融入城市的生活成本、购房成本、基础设施成本（李小敏等，2016）等资金需求，至少要跨越城镇最低平均消费水平线的“经济门槛”。依靠现有农民收入来源难以承担市民化成本，仅有极少数农民有能力跨越市民化经济门槛（唐根年等，2006）。预计未来15年我国有4.5亿需要市民化人口，需要40万亿~50万亿元资金支撑（魏后凯和陈雪原，2014），庞大的资金需求压力依靠传统的农民、企业、政府三方承担方式已经难以化解（文乐和彭代彦，2016），迫切需要寻求新的资金支持渠道。新型城镇化与农民土地财产性收入实现及增长的内在联系如图 2-5 所示。

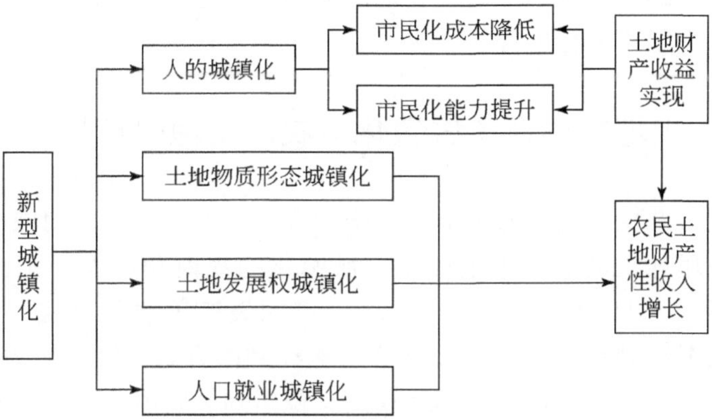

图 2-5　新型城镇化与农民土地财产性收入实现及增长的内在联系图

2.4.2　土地财产收入实现与农民市民化能力

已有研究大多沿袭传统的二元经济模型、基于劳动力局部均衡范式分析农民工市民化问题，忽视了农村各项土地权益对市民化的支撑、农村集体土地资产对市民化成本的分担（陈雪原，2015），已经无法完全解释我国人口“两栖”现象。现阶段，农民工资和经营收入难以有突破性提升的情况下，将农村人口和农村土地向城镇集合，促进农民土地财产性收入增长，提供农民市民化的资金渠道，有助于提升市民化能力（张广辉和魏建，2016）。特别是当部分城市务工农民返乡，以及城市工商资本开始进入农村和农业领域，农村土地市场价格开始上涨，集体资产开始增加，需要将土地和劳动力两个要素同时纳入市民化的分析框架（陈雪原，2015），系统审视劳动力和土地在城乡系统中的再配置关系。农民土地财产性收入是基于土地产权让渡获取的非生产性收入，依赖完整的产权基础和完善的市场介质，因农民土地产权占有形式多样和土地流转方式多样而具有多样化的来源渠道（卢阳等，2017）。我国城市高房价对农民市民化形成阻力，集体所有制下的农村土地资产权能差、变现能力受限，降低了农地资产的灵活性和流动性，强化了农村人地依附关系，使农民因缺乏在城市安家的“门槛”费用无法永久定居，且这种福利性的土地制度诱使了农民返乡（黄忠华和杜雪君，2014），阻碍了市民化。土地市场不完善抑制了劳动力转移，农民现有的承包经营土地、宅基地等财产资源对农民进城落户意愿甚至造成负面影响（李超等，2015）。过去城市倾斜土地红利模式削弱了农民市民化能力（陈浩等，2015），宅基地换住房、留置地安置、土地换社保等近年来各地探索的以土地制度改革促进农民带资进城的方式联结了城乡土地市场和劳动力市场，激发了沉睡农村土地资产，积极推进了市民化进程。

2.4.3 土地物质形态城镇化与农民土地财产性收入增长

土地物质形态城镇化是城镇空间扩张的直接表现，通常采用城市建设用地面积、城市建设用地扩展速度来表征土地城镇化的规模和进程（王洋等，2014）。近年来出现的土地城镇化进程过快、城镇空间失控等“冒进式”城镇化问题，都与土地物质形态城镇化过程农民分享土地红利的方式、程度有着密切的关系。以土地扩张为引擎的城镇化将土地红利主要积累到了城镇化领域，农民所占份额很少，造成城市资产价格过高和农民购买力不足。农民的土地不能充分自由地实现市场化交易，大多数农民只能通过土地在农民之间的流转、土地征收获得财产性收入（Chen et al.，2016）。我国现行的土地制度剥夺了农民及其组成的“集体”与土地最终使用者直接进行交易的权力（何绍周等，2012），农民的土地非农决策受到限制（张曙光，2007），土地财产性收入受到集体性侵害（蒋省三等，2007）。在农地城市流转的多个主体中，土地增值收益绝大部分为政府和开发商所占有，农民和农村集体所得收益最少（魏玲和张安录，2017）。大量的实证研究都支持了征地制度使农民陷入贫困风险的结论（张立先和郑庆昌，2012），并产生严重的社会矛盾。有研究者核算了南京市的征地补偿发现，征地补偿应当达到每平方米390.81元，是其现有征地补偿标准的6.15倍（唐云锋等，2015）。近年来，一些研究基于我国农民非农就业收入显著增长的事实，认为通过土地征收获取的征地补偿收入并没有显著降低农户收入。对上海地区的调查研究表明，大部分失地农户收入不降反升，失地农户平均家庭总收入比非失地农户高近30%（史清华等，2011）。

2.4.4 土地发展权城镇化与农民土地财产性收入增长

地方实践表明，土地发展权已经运用于我国土地管理政策创新，对于缓解征地补偿矛盾、建设用地指标空间调配具有积极意义。但由于试点政策的对象特殊和区域特定性，法律法规等制度层级的建设滞后，收益分配不均等问题时有存在（朱一中和杨莹，2016）。例如，我国的城乡建设用地增减挂钩政策，是以政府为主导的发展权转移政策，政府在其中既是规则制定者又是交易主体，交易不确定性大、交易频率低，农民在其中的权益得不到充分保障。成都市郫都区的交易案例中，农民所得收益仅占5%（顾汉龙等，2015）。重庆地票交易是对城乡建设用地增减挂钩政策的创新，通过转移远郊区县农村建设用土地发展权，并在城市近郊地块使用土地发展权，实现农村土地发展权的有偿转让（邱继勤和邱道持，2011），农民在交易中享受到了土地增值收益的初次分配（杨继瑞等，2011）。农村集体建设用地不能与国有建设用地“同地、同价、同权”，在已经形成的隐形集体建设用地市场中，普遍存在产权模糊、收益分配不合理、流转纠纷较多等问题（罗湖平，2014）。集体经营性建设用地市场日益活跃，但也存在产权主体不明确、决策机制不健全、定价机制不科学、治理结构改革滞后等问题（付宗平，2016）。

2.4.5　人口就业城镇化与农民土地财产性收入增长

家庭收入水平取决于家庭拥有的资源总量、资源的使用强度及其报酬。在资源报酬不变的条件下，改变家庭使用资源的数量和强度，就可以改变家庭收入水平（韩菡和钟甫宁，2011）。鉴于我国耕地资源有限的国情，耕地边际报酬增加非常困难，要从根本上改变中国农民的收入现状，就要通过土地合理流转。城市化和工业化推进了专业化分工水平的提高，使得大量的农民转移到城市就业，找到了更多就业机会的农户会租出土地，而能够实现更高配置利润的农户将租入土地，因此只要是建立在资源基础上的土地流转，将有效促进农民收入增长（李庆海等，2012）。对于已经转移到城市就业的农村人口，其土地将会流入市场成为土地租赁供给，而留在农村生产的农户就成为土地流转的需求主体（闫小欢和霍学喜，2013）。随着中国城镇化发展进程的推进，中国农地流转市场也在快速发展，农地的集中化趋势逐步明显。参与农地流转的农户比例由2008年的16.5%（叶剑平等，2010），上升至2015年的31.4%（何欣等，2016）。土地承包经营权的流转，将对农村居民财产性收入增长产生直接或间接促增效应（陈刚，2014），李中（2013）基于湖南邵阳市跟踪调研数据，运用双重差分计量经济模型分析，认为农村土地流转后非农务工人均纯收入和农村土地出租对参与农户人均纯收入增长的贡献率高达76%。冒佩华和徐冀（2015）根据2000年、2012年的农户家庭微观调研数据，采用平均处理效应（ATE）和受处理的平均处理效应（ATT）方法，实证分析了土地经营权流转对农户家庭收入的影响，发现在平均意义下土地流转能使任意样本农户家庭和已流转土地的农户家庭的收入分别增加19%和33%。朱建军和胡继连（2015）根据反事实分析框架，认为农地租入与农地租出均促进了农民收入的增加。

尽管相关研究证实了人口就业城镇化后，农村土地资源的重新配置能有效促进农民收入增长。但从收入分配的角度来看，这种土地租赁市场配置可能会进一步加大农村内部的收入差距。农地流转对农民的增收效用还有赖于其他外部环境和制度安排，考虑到农村内部的家庭资源禀赋，农地流转可能还会加大收入差距（刘鸿渊，2010）。由于农户异质性，土地流转对不同农户的收入影响也是不同的。在经济发达地区，土地倾向于流转到高收入农户，可能会扩大当地农户的收入差距；在经济欠发达地区，低收入农户更容易获得转入土地机会，当地的收入分配状况会得到改善（韩菡和钟甫宁，2011）。

2.5 新型城镇化与农民土地财产性收入增长的联动改革需求

2.5.1 国家政策需求

2016 年，我国城镇化水平达到 57.4%。按照城镇化发展的一般规律，当城镇化发展超过 50% 的阶段，即进入城镇化发展的减速阶段，今后城镇化发展的速度将逐步放缓。充分考虑产业支撑能力和资源环境承载能力，并参考国际经验，在今后一段时期内城镇化率年均增长保持在 1.0 个百分点以下、在中长期范围内为 0.8 ~ 0.6 个百分点（陆大道和陈明星，2015）。城镇化发展的战略取向和模式选择都随着城镇化发展阶段转型而发生改变。立足于我国土地资源有限、城乡差距过大，农民市民化进城障碍多的现实国情，推进新型城镇化建设，必须追求高质量、集约化、城乡融合共享的城镇化。因此，从国家实施新型城镇化的战略导向来说，破除二元结构限制，不可忽视的是人口从农民向市民转变以及土地由乡村向城市转变这两个密切联系的过程。作为城市增长的两个基本维度，土地市场和劳动力市场之间存在强烈的关联性，因此，从国家新型城镇化发展需求来看，城镇化发展中的人口与土地两个问题进行统筹安排是其核心要求。实现人口和土地的跨区域再配置，协调人口城镇化与土地城镇化，其核心在于共享城市扩张带来的土地增值收益。以往城市偏向的土地政策体系中，土地财产增值收益主要用于城市建设，而在新型城镇化的土地政策体系中，土地增值收益应当主要用于推动人口市民化。

2.5.2 农民个体需求

对农民个体而言，城市代表着更多就业机会、更稳定的收入、更好的教育医疗等基础设施和卫生条件。对农民来说，改变后的户籍身份在很大程度上是一种

“自致身份”而不是相对于市民的“先赋身份”，因而有理由相信这种“自致身份”所带来的成就感能带给户籍变动的农民更高的幸福感（赵奉军，2016）。因此，对农民而言，为了获取城镇居民身份带来的幸福感及享受系统的更好的服务，如何顺利融入城市、具有承担在城市生活成本的能力是其中的关键因素。这其中，不同类型的城镇化人口，其土地财产性收入的需求有所差别。

人口城镇化过程可分为主动城镇化和被动城镇化两种类型。其中，因土地征收而被动变为市民的人口，主要获取一次性征地补偿的收入。这部分人口最大的特点是自身可能并不具备在城市找到就业机会的能力，期内给予农民一次性征地补偿收入固然能够为农民解决短期在城市生活的成本，但受人力资本短板的限制，一次性的过高收入可能导致农民无心工作，甚至养成不良习性造成致贫现象。因此，对于被动城镇化人口来说，将一次性的补偿转变为长期稳定的收益或许更有益其真正融入城市生活。

对于有能力在城市工作，主动选择在城市生活的农民而言，其在农村的土地承包经营权流转获取的租金收入客观上为农民提供了稳定的收入来源，集体建设用地可以通过指标交易或者实体交易，为这部分农民获取一次性的收入来源。以上收入来源尽管总体水平不高，但为农民提供了基本保障资金。对于主动城镇化的农民而言，丰富其土地财产化的渠道，允许抵押、融资等，可以为其提供更多的城市进入资金，有助于其在城市获得更加切实的身份认同。此外，新型城镇化发展的目标是城乡一体化发展，乡村振兴战略的实施目的也是建立新型城乡关系，通过“人-地-钱”的挂钩，将各类资源和要素向农村集聚，这也迫切需要探索农民土地财产性收入不断增长的多样化渠道。

第 3 章　农民土地财产性收入来源及构成

3.1　我国城乡居民财产性收入构成及变化趋势

3.1.1　城乡居民收入增长迅速，结构变化明显，财富迅速增加

20 世纪 90 年代，改革开放持续推进，我国市场经济体制逐步完善，经济结构逐渐优化，经济综合实力进一步增强。就个人来说，国家保障私人财产权利的合法性，鼓励财产投资和增值，国民经济快速增长，居民收入结构和消费结构都发生了明显变化，生活水平不断提高。

根据国家统计局的统计数据，1996 ~ 2016 年，中国城乡居民的收入迅速增加。城镇居民人均可支配收入从 1996 年的 4839 元增长到 2016 年的 33 616 元，增长了 5.9 倍；农村居民人均纯收入从 1996 年的 1926 元增长到 2016 年的 12 363 元，增长了 5.4 倍。不仅如此，城乡居民在工资性收入、经营性收入、财产性收入以及转移性收入等方面，也有着不同程度的增长[①]（图 3-1 和图 3-2）。其中，城镇居民的工资性收入绝对值最大，而财产性收入绝对值最小，但财产性收入增长最快，从 1997 年的 124 元增长到 2016 年的 3271 元，增长了 25.4 倍，工资性收入增长最慢，从 1997 年的 3736 元增长到 2016 年的 20 665 元，增长了 4.5 倍。农村居民的工资性收入绝对值最大，财产性收入绝对值最小。转移性收入增长最快，从 1996 年的 70 元增长到 2016 年的 2328 元，增长了 32.3 倍，经营性收入增长最慢，从 1997 年的 1363 元增长到 2016 年的 4741 元，增长了 2.5 倍。可见城乡居民所拥有的财富随经济发展而显著增加，收入增长快，收入结构发生明显变化。

3.1.2　城乡居民的财产性收入基数低，在总收入中的比重低，增长较缓慢

从发展趋势来看，城乡居民的财产性收入基数低，但增长速度较快。改革开

---

① 1996 年城镇居民工资性收入、经营性收入、财产性收入与转移性收入无数据。

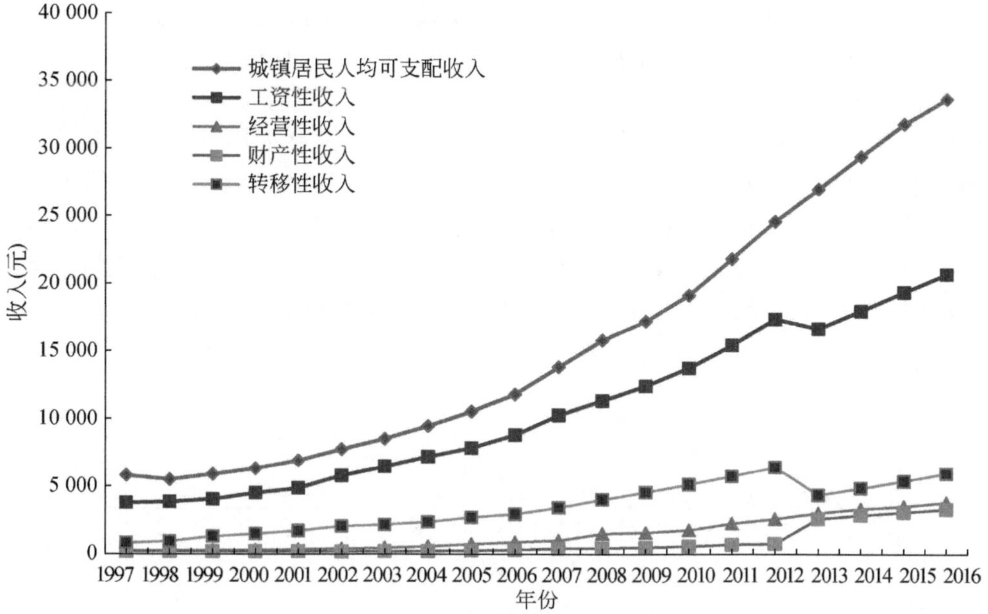

图 3-1　1997～2016 年中国城镇居民收入构成及变化图

资料来源：《中国统计年鉴》（1997～2017 年）

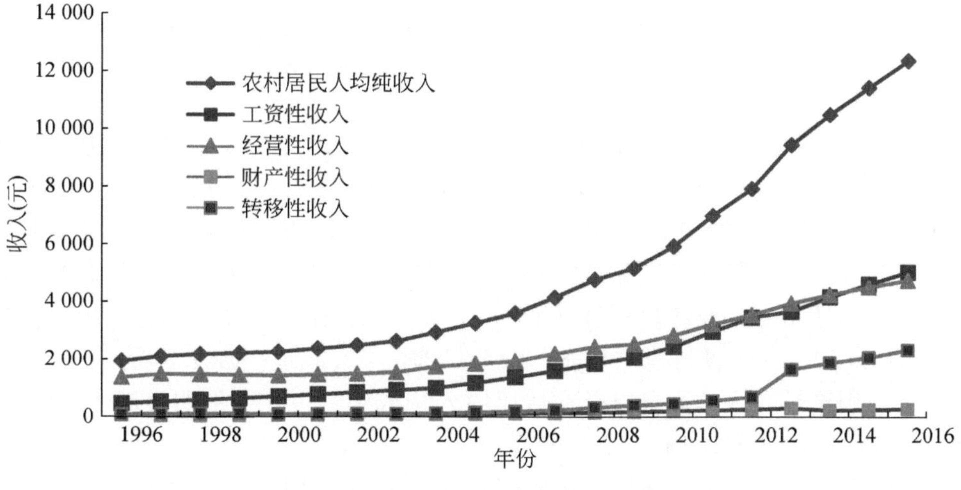

图 3-2　1996～2016 年中国农村居民收入构成及变化图

资料来源：《中国统计年鉴》（1997～2017 年）

放初期，经济发展水平较低，人民生活水平也普遍较低，因此无论城市居民还是农村居民，其财产性收入都处于较低水平。从国家统计局的统计数据来看，1997 年城镇居民人均财产性收入只有 124 元，仅占城镇居民年人均可支配收入的 2.15%，2007 年城镇居民人均财产性收入 349 元，占城镇居民年人均可支配收入的 2.53%；2016 年城镇居民人均财产性收入达到 3271 元，占城镇居民人均可支配收入的比重提高到 9.73%。农村人均财产性收入的增加过程十分缓慢。1997 年农村居民人均财产性收入只有 24 元，占农村居民年人均纯收入的 1.15% 左右，2007 年农村居民人均财产性收入 128 元，占农村居民年人均纯收入的 3.09%；2016 年，农村居民人均财产性收入增长到 272 元，但仅占农村人均年纯收入的 2.2%（图 3-3）。

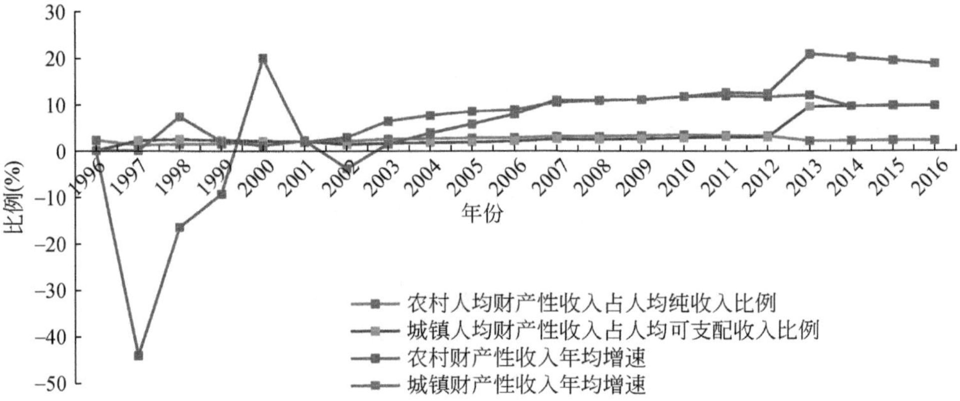

图 3-3　1996～2016 年中国城乡居民财产性收入占比变化图

资料来源：《中国统计年鉴》（1997～2017 年）

从发展速度来看，城乡居民财产性收入总体呈上升趋势。其中城镇居民的财产性收入增长较快，1997～2012 年，城镇居民财产性收入年增长速度为 12.31%（1996 年无数据）。农村居民的财产性收入增长相对较慢，1996～2012 年年增长速度为 11.6%。值得注意的是，2013 年，国家统计局实施了城乡一体化住户调查改革，并对统计标准和口径作了调整，开始采用财产净收入概念。根据该数据，2013～2016 年的居民财产净收入分别是 1423.3 元、1587.8 元、1740 元、1889 元。财产性收入的数量以及在居民收入构成中的占比，都明显高于 2012 年以前的统计口径（图 3-3）。

总体而言，我国城乡居民的财产性收入基数小，1996～2002 年，经济发展水平低，财富积累少，市场经济体制不完善，城乡居民的财产性收入水平低。2002 年以后，城乡居民财产性收入开始逐渐增长。这是由于改革开放逐步推进，经济持续增长，市场经济体制逐渐完善，国家鼓励在获得劳动收入的同时，其他要素也应参与分配，财产价值得到很好体现。与城镇居民相比，农村居民的财产性收入总量普遍偏低，但呈现了高增长的特点。而造成这种情况的原因，与农村地区的经济发展水平和农村居民的收入水平有很大的关系。农村居民的人均收入水平偏低，加上经济发展相对落后，可供投资的渠道较少，理财意识缺乏，导致农村居民人均财产性收入基数很低。随着近几年农村地区经济发展，农民收入水平大幅度提高，农民投资意识的增强，以及各种政策推进农村资本市场发展的情况下，使得农村居民可直接或间接地通过多种方式进行财富的增值和保值，财产性收入的增长速度也保持在一个较高的水平。但是，2012～2016年农村人均财产性收入占人均纯收入比例保持在2.07%～2.21%，表明在农民的总收入增长中财产性收入的贡献还不大。

3.1.3　城乡居民财产性收入差距大

城乡居民的财产性收入虽然都呈现增加趋势，但是两者增长速度不一，造成城乡居民财产性收入差距持续增大。根据国家统计局的数据，1996～2016年，城镇居民人均财产性收入增加了23.5倍，农村居民人均财产性收入增加了9.5倍。从增长的绝对值来看，1997年城乡居民财产性收入的绝对值之差为100元，而2015年城乡居民财产性收入的绝对值之差为2790元。从相对比值来看，1997年城乡居民财产性收入之比为5.2∶1，2015年城乡居民财产性收入之比为12.1∶1（图3-4）。

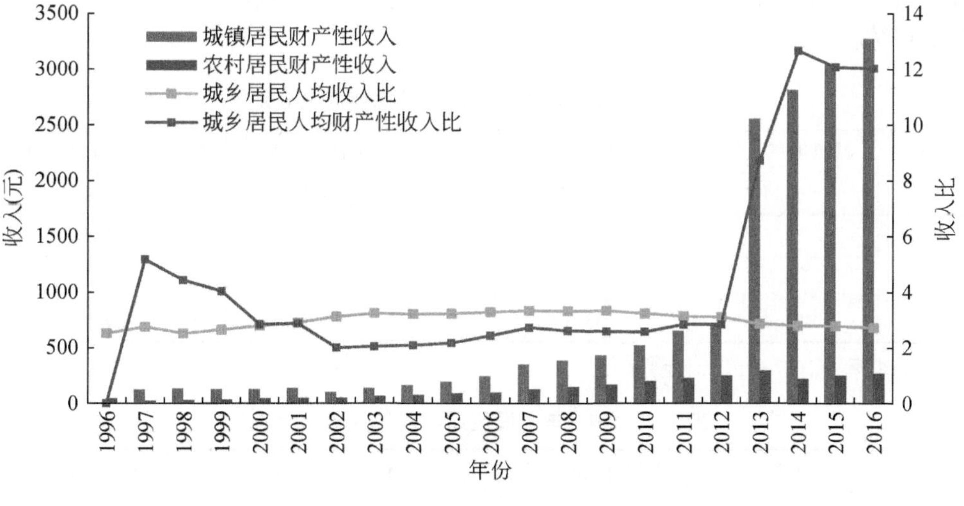

图3-4　中国城乡居民财产性收入差异变化图

资料来源：《中国统计年鉴》（1997～2017年）

尤其是2013年国家统计局采取新的统计口径之后，城乡居民财产性收入差距明显拉大（图3-4）。从绝对值看，2012年城镇居民人均财产净收入比农村居民高458元，而在采取新的统计口径之后，2013年城镇居民人均财产净收入比农村居民高2356.8元，2014年高2590元，2015年高2790.4元。从相对值看，2012年城镇居民人均财产净收入是农村居民的2.8倍，在采取新的统计口径之后，2013年城镇居民人均财产净收入是农村居民的13.1倍，2014年是12.7倍，2015年是12.1倍。总之，不管是从绝对值还是相对比值来看，城乡居民财产性收入的差距都是巨大的。

3.1.4 不同地区居民财产性收入差距较大

我国东中西部地区在区位条件、经济发展水平、城镇化发展状况上都存在很大差异。从2016年的统计数据来看，东部地区的城镇化率远高于中西部地区，而中部地区和西部地区的城镇化率都低于全国城镇化率的平均水平，相应地城乡居民收入也表现出明显的区域差异（表3-1和表3-2）。以2016年的统计数据为例，东部地区城镇居民人均可支配收入为39 651.0元，与中部地区的绝对值之差为10 771.7元，与西部地区的绝对值之差为11 041.3元。中部与西部的城镇居民人均可支配收入都在全国平均水平之下。东部地区城镇居民财产净收入为4534.5元，是中部地区财产净收入的2.1倍，是西部地区财产净收入的2.2倍。东部地区财产净收入占比为11.4%，中部地区的财产净收入占比为7.4%，西部地区的财产净收入占比为7.2%，中部和西部地区的财产净收入均低于全国平均水平9.7%。

表3-1　2016年不同区域城镇居民收入状况

地区	城镇化率（%）	人均可支配收入（元）	财产净收入（元）	财产净收入占比（%）
东部	63.4	39 651.0	4 534.5	11.4
中部	54.5	28 879.3	2 139.6	7.4
西部	49.7	28 609.7	2 051.3	7.2
全国	57.4	33 616.2	3 271.3	9.7

资料来源：《2017中国统计年鉴》

表3-2　2016年不同区域农村居民收入状况

地区	城镇化率（%）	人均可支配收入（元）	财产净收入（元）	财产净收入占比（%）
东部	63.4	15 498.3	546.2	3.5
中部	54.5	11 794.3	226.9	1.9

续表

地区	城镇化率（%）	人均可支配收入（元）	财产净收入（元）	财产净收入占比（%）
西部	49.7	9 918.4	221.8	2.2
全国	57.4	12 363.4	272.1	2.2

资料来源：《2017 中国统计年鉴》

东部地区农村居民人均可支配收入为15 498.3元，与中部地区的绝对值之差为3704元，与西部地区的绝对值之差为5579.9元。中部与西部的农村居民人均可支配收入都在全国平均水平之下。东部地区农村居民财产净收入546.2元，是中部地区财产净收入的2.4倍，是西部地区财产净收入的2.5倍。东部地区财产净收入占比为3.5%，中部地区的财产净收入占比为1.9%，西部地区的财产净收入占比为2.2%，亦等于或低于全国平均水平2.2%。

泰尔指数是衡量个人之间或者地区间收入差距（或者称不平等度）的指标（李社会，2017）。中国城乡居民财产性收入差距——泰尔指数的结果如图3-5所示，泰尔指数越大，财产性收入差距越小。图中泰尔指数在1997～2004年呈现波动变化趋势，2004年以后变化相对比较平稳，在整体上趋于同步，东部地区始终处于最低，西部地区处于中间，中部地区最高，并且明显高于西部和东部地区。

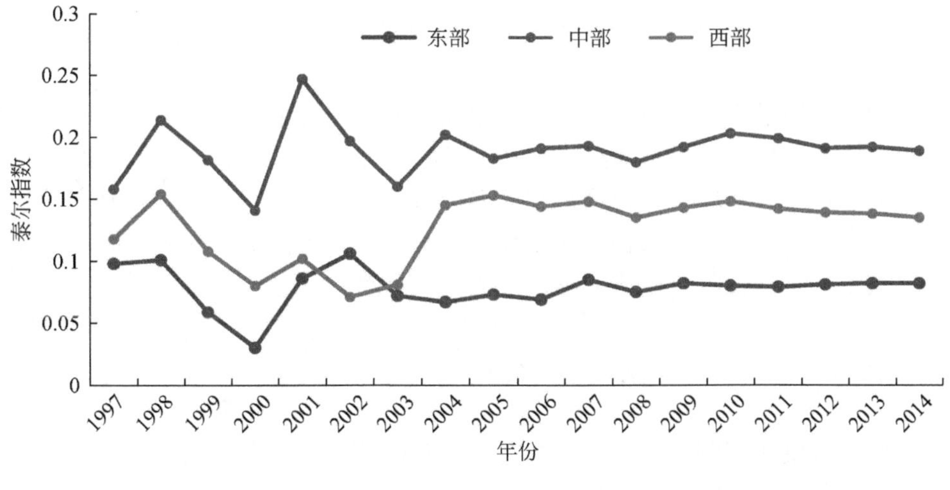

图3-5　1997～2014年我国各地区城乡居民财产性收入差距——泰尔指数

资料来源：贺晓玲，2016

总体而言，东部地区城镇化水平较高，经济发展较好，居民收入水平较高，其人均可支配收入和财产净收入都远高于中西部地区。而中西部地区受区位条件、历史性因素等的制约，城镇化率低于全国平均水平，经济发展相对滞后，居民人均可支配收入较低，财产净收入及其占比都较低。东部地区财产性收入差距最大，西部地区其次，中部地区最低，并且明显高于西部和东部地区。

运用SPSS软件计算人均GDP与城镇和农村居民财产性收入的Pearson相关系数分别为0.86和0.98，相关性极强，表明经济发展水平越高，居民的财产性收入越高。研究表明经济增长会抑制各地区的城乡财产性收入差距。但如果考虑市场化进程对经济增长的影响，则市场化程度的提高会抑制城乡财产性收入差距的扩大；经济增长和市场化初期会导致城乡居民财产性收入差距扩大，但只要经济增长和市场化进程持续，最终城乡居民财产性收入差距会缩小（刘江会和唐东波，2010）。据发达国家经济增长与发展经验显示，当人均GDP超过2000美元，居民开始积累了一定财富后，财产性收入就会逐渐变成居民新的重要标志[①]。2014年中国的人均GDP达到7485美元，参照发达国家的经验，财产性收入将成为我国居民收入的新增长点。改革开放以来，我国居民的财产性收入快速增长，主要得益于经济的持续快速增长、财富的积累和资产的较高回报率。但是，由于我国居民财产性收入的存量较小，近年来虽然增速较快，但居民总收入的比例仍然不大。保持经济持续稳定增长，扩大财富总量，都是当前及今后一个时期的重要任务。

3.2　产权视角下农民土地财产性收入构成

土地是农民最重要的财产，是农民增加收入、维持生计的基本保障。在城镇化进程中，应以保护农民土地财产权利为核心，深化农村土地产权制度改革，使农民土地财产权益能够最大化地得到实现（王春超和荆琛，2012）。财产性收入构成是和产权让渡条件密切相关的，因此，基于我国农民所拥有的不同产权让渡条件，其土地财产性收入构成可以划分为多种类型。

3.2.1　土地所有权让渡收入

土地所有权让渡收入是指当集体土地所有权转变为国家土地所有权时，农民因丧失土地所有权获得的补偿收入。由于我国实行土地公有制，土地所有权不能买卖；因公共利益需要国家实行对集体土地的征收。因此，我国农民土地所有权

---

① 增加居民财产性收入为扩内需打实基础．http://finance.china.com.cn/stock/20130307/1315748.shtml.[2013-03-07]。

让渡收入是指征地补偿中的土地补偿收入，是失去土地所有权及各项权能时的补偿收入，而不是市场交易的溢价收益。农村土地集体所有即集体经济组织是农村土地所有权的产权主体代表，农民个体是集体的成员，且为具体的土地使用权拥有者，因此农村集体经济租住获得土地所有权让渡收入，也主要体现为对相关失地农民的补偿。

3.2.2　土地使用权转让收入

（1）宅基地使用权转让收入。宅基地是指农民住宅建设用地。农民宅基地由农民提出申请，村集体经济组织（村民委员会）依据农户家庭人口状况，经当地县（市）政府审批，按照统一标准分配给农民长期无偿使用。“无偿、无限期、无流通”是我国现行宅基地使用制的基本特征。宅基地使用权的取得不需要支付费用，只要是集体的成员即可免费分得宅基地；宅基地使用权一经取得，农户可以永久使用，且拥有继承权，只要该农户存在，就享有宅基地使用权；宅基地使用权不能转移给非本集体经济组织成员的单位或个人。

对于农民来说，与宅基地使用权有关的收入主要包括两个方面：一是宅基地使用权的占有权置换收入。宅基地置换指在他处获得面积相等的宅基地，退出原宅基地的过程。置换过程中，除了在别处给农民另一宅基地，还会对农民损失给予一定补偿。但值得注意的是并非所有的赔偿金额都是土地使用权的收入。在房屋拆迁中，农民所得的补偿有的是有原成本的，如残值补偿，与土地使用权没有直接关系；有的是没有原成本的，如因区位改变所获区位价，它是根据新的宅基地与原来宅基地的不同区位条件进行补偿，先有土地使用权才能谈该土地的区位条件。因此，区位价补偿属于土地使用权置换收入。二是农民在宅基地有偿退出中所得到的补偿。通过宅基地的退出，农户可以获得经济补偿或者获得城镇的住房，进而减轻进城的经济压力。因此，总体来说，宅基地有偿退出更能使农户获得财产权益。以宅基地退出试点区四川省泸县为例，农民自愿退出的宅基地由村民委员会收回重新分配给本集体经济组织村民原地使用，或复垦为耕地，并将复垦形成的建设用地指标在县域内调整使用。例如，四川泸县嘉明镇37户农民退出宅基地后，主要能得到两方面的补偿。一是房屋的拆除补偿。按照不同的房屋类型给予不同级别补偿，具体标准是：砖混和钢混结构450元/米^2，砖瓦结构380元/米^2，土（墙）瓦（顶）、石（墙）瓦（顶）以及石（墙）草（顶）等结构300元/米^2。二是房屋占地面积之外的宅基地拆除补偿。具体按照20元/米^{2}的标准予以补偿。由此，户均增加财产性收入32 145.95元（姚树荣和熊雪锋，2017）。

（2）土地经营权流转收入。从2003年我国开始实施的《中华人民共和国农村土地承包法》以法律形式确立了农村土地承包经营制度，农村土地承包经营权有了制度保障。党的十七届三中全会强调“按照依法自愿有偿原则，允许农民以转包、出租、互换、转让、股份合作等形式流转土地承包经营权”，“土地承包经营权流转，不得改变土地集体所有性质，不得改变土地用途，不得损害农民土地承包权益”。2016 年实行“三权”分置，在保护农户承包权益的基础上，赋予新型经营主体更多的土地经营权，有利于促进土地经营权在更大范围内优化配置。土地经营权流转直接促进了农业实现规模化经营，农户转入土地后扩大了土地经营规模，促进了土地经营权的优化配置，提高了农业收入和总收入。

（3）集体经营性建设用地入市收入。农村集体经营性建设用地是指存量农村集体建设用地中，土地利用总体规划和城乡规划确定为工业、物流仓储、商业服务业等经营性用途的土地。2015 年 11 月初，中共中央办公厅、国务院办公厅印发的《深化农村改革综合性实施方案》中提出“允许土地利用总体规划和城乡规划确定为工矿仓储、商服等经营性用途的存量农村集体建设用地，与国有建设用地享有同等权利，在符合规划、用途管制和依法取得的前提下，可以出让、租赁、入股，完善入市交易规则、服务监管制度和土地增值收益的合理分配机制”。因此，实行“同等入市，同权同价”，农村集体经营性建设用地可按出让、租赁、作价出资（入股）等有偿使用方式入市。入市交易中集体经济组织和农民获得的溢价收入部分为集体经营性建设用地入市收入，实质是集体经营性建设用地使用权在经济上实现的形式。

3.2.3 土地发展权让渡收入

土地发展权概念最早出现于 20 世纪 40 年代的英国，随后美国与法国开始设立土地发展权。在相关法律体系中，我国尚未设立土地发展权，但学术界的研究成果日渐丰富。土地发展权概念有广义与狭义之分，广义上讲土地发展权是指将土地改为最佳利用方向的权利（汪晗等，2011）。从狭义上讲土地发展权是指将土地转变为建设用地的权利，该权利是可以与土地所有权分割开来，从而单独存在与处分的一种物权。土地发展权可以区分为实体发展权、基本发展权及虚拟发展权（付启来等，2014）。其中，实体发展权是指根据城市规划和土地利用规划，在规划建设区内，对允许进行建设的现状农地设定的发展权；基本发展权是指由于农地的正外部性，无法在土地交易中直接实现，而由国家设立的发展权种类；虚拟发展权是指根据规划和用途管制规则，为满足在规划建设区内保留生态环境、自然景观和开放空间的需要，对特定土地设定的限制开发的发展权（王永慧和严金明，2007）。不同内涵的发展权，其价值归属或收益分享的主体不同。实体发展权价值应该由国家、农民与农村集体分享；基本发展权价值应由政府拥有；虚拟发展权价值应由农地产权人所有，以补偿其对于农用地的保护（付启来等，2014）。

由于基本发展权是基础，其价值归国家以解决外部性问题，所以基本发展权价值应该包括：耕地占用税及占用耕地时需要支付的耕地开垦费，因土地被占用造成的失地农民社会保障费用，因土地被占用而增加的生态环境保护补偿额等。实体发展权价值是指农用地转为建设用地而带来的价格增值的那部分，该增值是建设用地价格除去农地取得成本、土地开发成本和基本发展权价格后的净增值。实体发展权价值将由国家、农村集体经济组织和农民共享。在土地发展权及其增值收益分配中，首先，国家应该得到基本发展权价值和部分实体发展权价值，用以有效解决外部性补偿问题；其次，农民应该得到其余的实体发展权收益和合理的征地补偿额。国家和农民对实体发展权价值的分割，多数国家采用课征土地开发增值税的形式，将部分土地增值收益收归国有。虚拟发展权的价值是国家支付给受限制开发土地产权人的机会损失补偿价格。由于受限制土地的所有者和使用者不仅失去了获取土地开发取得增值收益的权利，还将承担土地保护的社会和生态服务职能，因此，国家应将该土地的虚拟发展权价值支付给土地产权人。其支付的最低价值为能保障原土地使用者获得就业机会和最低工资收入水平，应该包括基本发展权价值和土地非农开发的机会损失补偿。

3.2.4　土地使用权抵押融资收入

1. 土地使用权抵押融资

土地使用权抵押融资方式的出现，主要是由于经济社会的不断发展和进步，土地经营者也在不断成长和壮大，需要扩大规模，转型升级，甚至多元化经营，原有的自有资金难以满足企业自身的发展需求。而银行由于吸收了社会公众存款，为了更好地发挥资金效益，也为了提高收益，需要向社会和企业投放资金。但银行为了控制风险，往往需要企业提供相应的贷款担保，仅仅凭借经营者的财务报表等，无法保障贷款资金安全。因此需将经营者的土地使用权及其附着物等不动产进行评估后抵押，即作为履行债务的担保。因为土地及其附着物是固定资产，也是经营者最重要最核心的资产，即使经营者经营不善，最终无法偿还贷款，银行也可以通过司法程序，将手中的土地使用权及其附着物产权进行拍卖和变现，挽回部分损失。因此，将土地使用权作为贷款担保方式来进行融资是银行比较容易接受的方式，当然，土地抵押融资模式也主要通过银行来实现，并伴随着经济发展不断发展和完善（古晓，2014）。

根据美国农业经济学家梅勒的“资源互补理论”，即如果只有一种生产要素投入增加，而其他互补的生产要素不增加，那么前者的边际产出就呈递减趋势。

若试图通过提高农业原有要素的生产率从而增加农业总产出和农民收入，就应加大对农业资金的投入力度；同时美国发展经济学家罗格纳·纳克斯的“贫困恶性循环论”认为，发展中国家的农村经济发展问题归根到底是实物资本短缺和贫困的恶性循环，而资本是打破农村经济发展中恶性循环的关键（崔敏敏，2010）；托达罗认为，发展中国家的政府应该通过加大资金投入发展农村经济，增加农民收入，从而提高农民的生活水平。要想增收，农村地区物质资本的投入和人力资本的投入必不可少，由此产生的大量资金需求不是农户的自有资本就能满足的，因此有效的农村金融市场的支持显得尤为重要（刘忠群，2008）。由于金融机构的经济人理性和农业生产的脆弱性，现行的农村金融借贷市场的不发达使得农户的物质资本投资和人力资本投资活动受到抑制，不仅严重制约了农户在农业生产中获得的农业收入，也减少了其在城市经济中和自主创业等获得的非农收入。

2. 土地使用权抵押融资实现农民财产性收入的机理

土地使用权抵押融资作为农村金融产品的创新，可以激活农村资产，变资产为资本，有效地将农地等固定资产盘活为可以增加营运资本的流动资产，利用抵押担保制度的支撑，可以有效解决金融借贷市场信息不对称引起的“逆向选择”和“道德风险”等问题，扩宽农村的融资渠道，缓解农户资金需求增长与农村金融体系供给抑制的矛盾，很大程度上满足了农户的资金需求。通过土地使用权抵押融资获得的贷款可以用来偿还流动负债，增加存货、应收账款、预付账款等营运资产，可从以下方面促进农民增收：第一，获得的贷款再投资于固定资产，形成良性循环，扩大再生产，最终提高农户的农业收入；第二，为农民自主创业提供经济支持，使其不仅可以从事农业生产活动，还可以从事其他商品的生产及流通活动，这样不仅能增加农民的非农收入，丰富农户的收入渠道，还可以在一定程度上规避农业风险带来的损失，提高农户收入的稳定性；第三，用于农户自身或家庭的教育支出，增长知识，提升学习技能，进而提高农业以及非农的生产效率，获得更高的收入，形成良性循环（图3-6）。

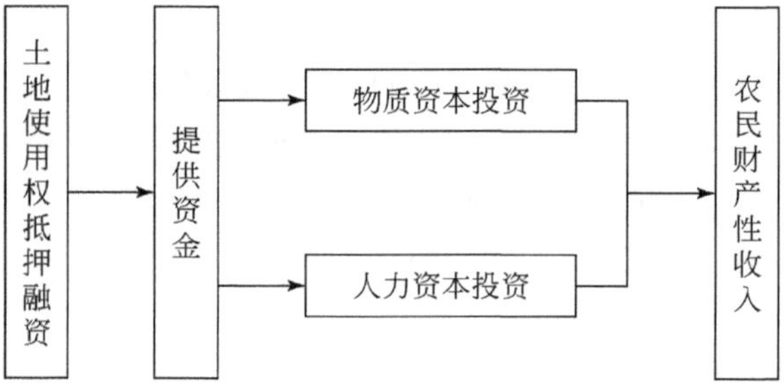

图3-6　土地使用权抵押融资对农民财产性收入影响的作用机理图

3.3　用地类型视角下农民土地财产性收入构成

3.3.1　农地财产性收入

农地财产权是指农村土地具有支配性的权利束的组合，不仅包括传统的排他性的占有、使用、收益、转让权，还包括资产的安全权、管理权、剩余索取权等（李胜兰和于凤瑞，2011）。农民获得土地财产性收入的过程，也是其土地财产权转让或细分的过程。如果农民得到稳定收入来源，土地的生存保障功能将会弱化，农民对土地的依附性随之降低。虽然近年来农民的工资性收入逐渐增加，农民总收入中土地的收益贡献有所下降，但农村劳动力的大量流失，使得土地的闲置低效利用情况越来越严重，由此带来的土地在农业生产中的机会成本需要通过市场交易得以实现。该过程主要通过农民土地财产权利束的分离来实现，农民对集体土地只拥有使用权，因此，农民实际获取的土地财产性收入主要包括两部分：第一部分是土地流转收入（租金、红利等），该部分收入属于持续性的土地财产性收入；第二部分是国家对集体土地征收时依法给予被征地农民的合理补偿收入，该收入属于一次性收入。

3.3.2　宅基地财产性收入

根据我国现行法律法规规定，宅基地所有权归集体，农民对宅基地只有使用权，没有所有权，但是农民对宅基地上的房屋具有所有权。宅基地包括在农村已经建了房屋或其他附属设施的土地；将要用来建造房屋的土地，即规划用地；已经建房，但不适合居住用途的土地三种类型。农村集体经济组织成员对宅基地拥有使用权，对宅基地上的房屋和附属设施拥有支配权，这些属于农民的个人私产，宅基地使用权不得单独转让。宅基地主要承担两重职能：一是居住保障功能；二是财产功能。在我国，宅基地用益物权具有社会福利的性质，它是农民与生俱来的一项权利，农民初始取得是无偿的，是农民获得基本保障的基础。目前，宅基地利用现状不容乐观，主要存在以下问题：一是宅基地的初始配置缺乏规划引导，出现布局混乱的现象；二是在宅基地管理上集约集中意识不强，粗放型利用现象突出；三是宅基地用益物权没有得到保障，产权不明，人与地转移转换不合拍，大量空心村、闲置地出现，用地不合理，土地资源浪费严重（韩晓，2015）。

宅基地盘活将成为未来增加农民财产性收入的重要手段。盘活农村宅基地根本的出发点是确保农民取得财产性权利，增加农民的财产性收入。需要在继续遵循农村宅基地属于集体所有，农民对其只拥有使用权原则的同时，赋予农民完整的宅基地用益物权，使农民真正成为宅基地的权利主体。完善相关法律法规的调整工作，在严守18亿亩耕地红线的前提下，对农村宅基地和宅基地上的房屋进行确权登记，为推进宅基地使用制度改革奠定产权载体基础。

3.3.3 集体经营性建设用地财产性收入

集体经营性建设用地是指土地所有权归农民集体所有的以盈利为目的进行非农业生产经营活动所使用的集体建设用地（樊帆，2015），具体包括两类：一是集体兴办的乡镇企业所使用的集体建设用地，二是集体与其他单位、个人以土地使用权入股、联营等形式共同举办企业所使用的集体建设用地（易甜，2015）。《中共中央关于全面深化改革若干重大问题的决定》中提出“在符合规划和用途管制前提下，允许农村集体经营性建设用地出让、租赁、入股，实行与国有土地同等入市，同权同价”。这就意味着，农民集体经营性建设用地可以与国有土地一样实行公平交易。农村集体经营性建设用地的入市，对于农民最直接的好处就是增加了土地财产性收入。一方面，农民收入的增加得益于集体土地效益的增加。另一方面，集体经营性建设用地的入市流转，也改变了以政府为主导的征地城镇化的利益分配模式。以往的农村建设用地被征用后，土地增值收益完全归政府所有，而集体经营性建设用地直接入市所创造的土地级差收益大部分将保留在农村内部，而且由于保有土地的集体所有权，农民可以长久享受土地的级差收入（莫沫，2013）。

3.4 农民土地财产性收入满意度调查

为了解农户土地财产性收入的真实情况，采用问卷调查、个人访谈、小型座谈会相结合，以问卷调查为主的数据收集方法，对重庆市主城某乡镇农户进行问卷调查。其中问卷调查采用集中访问与入户访问相结合的方式进行。核心是农民土地财产性收入现状及来源等问题以及对目前获取的财产性收入的满意情况。

3.4.1 调查样本分布

针对农民对土地财产性收入是否满意这一问题设计问卷，调查共发放问卷

250 份，回收问卷 250 份，其中有效问卷 240 份，有效率达 96%。考虑到各村人口总数、外出务工人数、田间劳作的条件、村庄搬迁等实际情况，各村的样本比例有所区别，各村的样本数见表 3-3。从中可以看出，1 村（样点序号：1）的样本数为 30 份，占总样本数的 12.50%；2 村（样点序号：2）样本数为 30 份，占总样本数的 12.50%；3 村（样点序号：3）样本数为 19 份，占总样本数的 7.92%；4 村（样点序号：4）样本数为 40 份，占总样本数的 16.67%；5 村（样点序号：5）的样本数为 41 份，占总样本数的 17.08%；6 村（样点序号：6）的样本数为 30 份，占总样本数的 12.50%；鱼复工业园区（样点序号：7）的样本数为 50 份，占总样本数的 20.83%。

表 3-3　调查样点分布情况

样点序号	样本数	比例（%）
1	30	12.50
2	30	12.50
3	19	7.92
4	40	16.67
5	41	17.08
6	30	12.50
7	50	20.83
合计	240	100

3.4.2　调查农户土地财产性收入情况

从被调查农户当年的财产性收入情况来看，大部分农户的财产性收入由存款利息，购买债券股票等金融产品、出租车辆及从土地入股分红等收入构成。调查的 240 户农户中，仅 3 户有购买股票收入，4 户有出租车辆收入。农户的主要财产性收入来源是存款收入，调研中有 38.42% 的农户有存款收入，22.1%（42 户）的农户有从土地流转获得的财产性收入。

3.4.3　调查农户对土地征收的满意度

由于地处城郊地区，调查的农户中 55 户涉及土地被征收，其他未被征地的农户，在回答将来是否愿意土地被征收时，10 户回答不愿意，12 户回答不清楚，163 户回答愿意，分别占调查农户总数的 5.40%、6.49%、88.11%。在回答愿意土地被征收的原因时，60%的农户认为现有土地分散，收入不高，外出务工造成劳动力缺乏，愿意土地被征收；35.15%的农户回答的是征地可以获得补贴，能极大提高收入；3%的农户认为征地后能有效改善居住条件，还有极少部分农户认为征地可以换来社保。

调查了50户鱼复工业园区内被征地农户的生活情况发现被征地农户在获得征收补偿款后，收入水平有较小的提高。但是由于农户收入来源单一，家庭抗风险能力差，征地后的生活也没有明显的改善。被征地农民正在不断适应城市生活，主动转换社会角色，调查样本中选择外出务工、自主经营及其他行业的失地农民的比例分别为30%、48%、22%。

在回答征地后的生活满意情况上，53%的居民认为是居住条件改善，不用做繁重农活、老有所养、环境变热闹三个选项各占16%、17%、14%，其他选项共占6%。而在不满意的因素中，占据了最大比例的是补偿水平低，占43%，其余不满意的因素分别为屋面积小、难以融入城市、环境不如农村，各占调查样本总数的18%、19%、20%。

3.4.4 宅基地流转收入

从被调查农户的宅基地流转收益来看，29户农户对宅基地（房屋）进行了出租，所获收入在600～10 000元。进行流转的主要原因是当地进行了新农村的统一规划建设，有多余的住房可以用于出租。进行出租的农户认为宅基地出租收入略有增加，对当前的出租收益较为满意。当回答“你觉得宅基地流转收益价格应当多少”时，农户的回答为2万～60万元/亩，其中回答20万～30万元/亩的农户14户，占已经流转土地农户总数的48.27%。在所有调查的农户中，没有进行房屋抵押的情况。当回答原因时，绝大部分农户担心抵押的房子被收走后将无处可住。

3.4.5 承包地及其他土地流转收入

当问及是否愿意将承包地进行流转时，109户农户回答愿意，占调查农户总数的57.36%。愿意流转的主要原因是劳动力外出务工，无人耕种。20户农户回答不愿意，占调查农户总数的10.52%。不愿意的主要原因是流转收入太低。其余农户回答不知道，因为不了解相关政策，希望视情况而定。已经进行了承包地流转的农户，主要的流转方式为出租，且都签订了流转合同，流转收入为2000～10 000元/（亩·年）。在进行流转的66户农户中，30户认为收入略有增加，9

户认为收入没有变化，27户认为收入有所减少，分别占流转农户总数的45.45%、13.64%、40.91%。对当前收入不满意的农户，普遍认为承包地流转收入应当为1000~1200元/（亩·年）。

3.4.6　对相关政策的了解情况

在回答对土地征收、宅基地流转、承包地及其他土地流转政策是否了解时，6户回答非常了解，45户回答了解，46户回答不确定，67户回答了解少，76户回答非常不了解（以下调查的样本数量不涉及55户已被征地的调研样本）。对于宅基地流转政策，4户回答非常了解，37户回答了解，13户回答不确定，45户回答了解少，86户回答非常不了解；对于承包经营地流转政策，4户回答非常了解，62户回答了解，13户回答不确定，43户回答了解少，63户回答非常不了解。总体来说，对各项政策较为了解的是极少数农户，绝大部分对政策不清楚或者不了解。在回答对相关政策的了解渠道时，47户回答通过村干部告知，13户回答通过公告，7户回答通过邻居了解，118户回答通过自己查看相关政策及其他渠道。

总体来看，都市近郊区农民财产性收入来源主要来自于土地的流转、出租和存款利息收入。债券等金融产品和车辆等动产出租的收入非常少。而在土地流转收入中，主要的收入来源是宅基地的出租和承包经营权的流转收入。从对当前土地财产性收入的满意程度来看，大多数未征地农户认为征地可以带来可观的经济收入，再加上务农劳动力缺乏和收益少，有较大的意愿希望土地被征收。但已经被征收的农户对征收后的生活满意度不够高，而造成征地后满意度低的主要因素是补偿标准较低。目前，城乡居民收入增长迅速，城乡居民的财产性收入基数低，不同地区收入差距大。从产权视角来看农民土地财产性收入包括土地所有权让渡收入、土地使用权转让收入、土地发展权让渡收入、土地使用权抵押融资收入；从用地类型视角来看农民土地财产性收入包括农地财产性收入、宅基地财产性收入、集体经营性建设用地财产性收入等方面。总之，农民土地财产性收入来源广泛，但是实地调研显示农民土地财产性收入来源主要是土地流转等租金收入，有待于进一步开拓和强化收入来源渠道，以便更好地促进土地财产性收入增长。

第 4 章　基于财产价值潜力测算的农民土地财产性收入增长空间

4.1　农村土地财产价值潜力内涵

4.1.1　农村建设用地财产价值潜力

农村建设用地财产价值潜力是指在充分保障农村人口居住生活空间需求以及农村第一、第二、第三产业发展用地需求的基础上，将现状闲置或低效利用的农村建设用地资源用于市场交易，盘活其资产价值，获取土地财产性收入的潜在数量。可以从如下方面来认识其潜力空间。

（1）基于来源视角的财产价值潜力。首先，由于农村建设用地需满足农民居住和农村发展等基本需求后的剩余部分才能进入市场交易，因此，即便在城乡统一的建设用地市场体系下，也不能将现有的所有农村建设用地用于市场交易，必须保留充分数量的集体建设用地以供农村发展之需。其次，以往在考虑农村建设用地流转交易等市场潜力时，通常将进城工作这部分农村人口的农村宅基地作为潜力来源，但在市民化进程中，农民不再以放弃农村集体土地权益以获得市民身份的前提下，现有转移就业人口依然有权利保留其农村土地使用权，自主选择将其保留还是进行市场交易。因此，从来源视角看，具有财产价值潜力的农村建设用地主要包括：①满足农民居住和农村发展等基本需求后的剩余部分；②农民市民化后自主选择用于市场交易的部分。

（2）基于实现方式的财产价值潜力。现有的集体建设用地交易市场提供了可供实现集体建设用地财产价值潜力的多种渠道，如集体经营性建设用地入市交易、城乡建设用地增减挂钩指标交易、地票交易等。这些实物或指标进入市场交易的价格，即为农村建设用地财产价值潜力实现提供了市场价格参考。因此，可以使用现有不同集体建设用地交易方式中的最新交易均价作为参考价格，对可用于入市交易的农村集体建设用地进行财产价值潜力测算。

（3）基于交易对象的财产价值潜力。尽管目前市场仅仅开放了对集体经营性建设用地交易的渠道，但在不同区域存量经营性建设用地数量差异巨大，如西部地区经营性建设用地仅仅是集体建设用地中的极少部分。而在土地现状调查体系中，农村居民点用地存在大量闲置，无论是通过引入社会资本投入农村建设还是通过城乡优化配置方式盘活这些闲置建设用地，均具有巨大的实现财产价值的潜力空间。

4.1.2　农用地财产价值潜力

农用地财产价值来源于对农用地出租、流转等获取的非经营性收入。农用地财产价值潜力是指因耕地、园地、林地等农用地通过土地整治，使其交通条件、农田水利设施条件、土壤质量等得到改善，综合体现为质量等级提升，经营收入增加，从而体现为流转租金上涨形成的财产价值增长空间。尽管理论上农用地财产价值潜力应当包括园地、林地、耕地等各类农用土地的财产价值潜力，但因耕地是农用地流转中的主要地类，当前以土地整治等方式提高农用地质量等工程行为也主要是针对耕地实施。因此，本研究重点针对耕地财产价值潜力进行分析测算。园地、林地等财产价值潜力可参照耕地财产价值潜力的分析思路进行。

4.2　农村集体建设用地财产性收入增长空间

4.2.1　农村集体建设用地分类

2004 年，《中华人民共和国土地管理法》第四条规定，“国家编制土地利用总体规划，规定土地用途，将土地分为农用地、建设用地和未利用地。……建设用地是指建造建筑物、构筑物的土地，包括城乡住宅和公共设施用地、工矿用地、交通水利设施用地、旅游用地、军事设施用地等”；第四十三条规定，“任何单位和个人进行建设，需要使用土地的，必须依法申请使用国有土地；但是，兴办乡镇企业和村民建设住宅经依法批准使用本集体经济组织农民集体所有的土地的，或者乡（镇）村公共设施和公益事业建设经依法批准使用农民集体所有的土地的除外”。

2007 年，《国务院办公厅关于严格执行有关农村集体建设用地法律和政策的通知》（国办发〔2007〕71 号）提出，“《中华人民共和国土地管理法》规定，乡镇企业、乡（镇）村公共设施和公益事业建设、农村村民住宅等三类乡（镇）村建设可以使用农民集体所有土地”。对这三类用地的范围，法律和政策都有准确界定，必须严格执行。《南京市集体建设用地使用权流转管理办法（试行）》（宁政发〔2004〕213 号）规定，“本办法所称集体建设用地是指已经依法登记，核发《集体建设用地使用证》的农民集体所有土地。包括镇街企业、镇街公共设施、公益事业、村庄合并后形成的建设用地以及其他依法办理集体用地使用手续的土地”。2008 年，《河北省集体建设用地使用权流转管理办法》规定，“本办法所称集体建设用地，是指乡镇企业和乡（镇）村公共设施、公益事业建设用地，以及其他经依法批准用于非住宅建设的集体所有土地”。

从国家“法规”和地方“办法”看，我国现行立法并没有对农村集体建设用地的概念进行明确的规定。结合集体建设用地流转实践，集体建设用地主要是指：农民从事第二、第三产业生产及其居住生活的空间承载地，包括农村居住用地，农村公共服务及基础设施用地，村办及乡镇办的企业、商业服务业、工业小区及仓储等用地，土地产权为农村集体所有的建设用地。从用途角度分，农村集体建设用地包括农村居民点用地（从居住角度）、公共设施用地（如医院、学校等用地）以及产业用地（如乡镇村企业用地），该分类不包括规划为城市建设用地但尚未被征收的集体所有的土地；从来源看，农村集体建设用地包括规划建设用地和经依法审批由农用地转成的建设用地和由未利用地转成的建设用地（黎平，2008）；从法律法规规定是否可以进行流转的角度，农村集体建设用地可分为可流转集体建设用地和不可流转集体建设用地。

重庆市国土房管局关于《贯彻落实〈关于用好农业农村发展用地政策促进农民增收的指导意见〉有关事项的通知（试行）》（渝国土房管规发〔2016〕9 号）中指出，“村规划要按照公共服务设施用地、公共基础设施用地、产业用地（用于生产性的各类集体建设用地，如生产仓储用地；用于经营性的各类集体建设用地，如商业服务设施用地、乡村旅游服务设施用地）、居住用地、混合用地（具有居住、商业、旅游等多重功能的各类集体建设用地，如农家乐、小卖部、民宿等）的分类，合理安排各类建设用地布局”。可见，随着农村产业由单一向链条式发展，以及国家对农村发展重视程度不断提高，农村土地利用方式更加多元，管理也逐步由粗放向精细化方向转变，适应农村新产业、新业态的发展需要和土地精细化管理的需要，土地用途分类也更加细致，更加符合农村发展实际。本研究中的农村集体建设用地是指农村各类经营主体用于兴办第二、第三产业、村民建设住宅、乡镇村公用设施和公益事业建设，经依法批准使用的集体经济组织所有的土地。

4.2.2 重庆市农村集体建设用地总量变化

根据上述对不同类型集体建设用地功能的分析，可以看出，在土地变更调查数据中农村居民点用地包含经营性用地及公共设施和公益事业用地。因此，本研究以农村居民点用地数据为基础进行重庆市农村集体建设用地变化分析。

区域土地利用变化首先反映在各土地利用类型面积及在用地总量中的比例变化上。一直以来，从数量方面分析土地利用特征是研究土地利用的重要手段之一。数量分析不仅是深层次分析的基础，其本身也可以直观地看出各类土地的变化态势、增减情况及用地的转化方向。通过对重庆市农村居民点用地总量分析，可了解重庆市农村居民点利用现状及动态变化情况，为集体建设用地财产性收入增长潜力测算提供依据。

1. 农村建设用地变化的测算方法

土地利用动态度可以反映区域土地利用类型面积变化幅度和变化速度以及区域土地利用变化中的类型差异。其中，单一土地利用类型动态度可用于度量某研究区一定时间范围内某种土地利用类型的数量变化情况，其表达式为

$$K=\frac{U_b-U_a}{U_a}\times\frac{1}{T}\times100\%$$

式中，K 为研究时段内某一土地利用类型动态度；U_a 为研究期初某一土地利用类型的数量；U_b 为研究期末某一土地利用类型的数量；T 为研究时段，当 T 设定为年时，K 的值就是该研究区某土地利用类型年变化率。

2. 基础数据

农村居民点用地面积来源于重庆市历年土地利用变更调查数据，人口数据来源于《重庆统计年鉴》。2000～2016 年农村居民点用地总量及人均农村居民点用地变化见表 4-1。由于 2016 年的统计数据中不再有农村户籍人口的划分，考虑数据的可比性，后面的分析时段为 2000～2015 年。

表 4-1　2000～2016 年重庆市农村居民点用地及人均农村居民点用地变化情况表

年份	农村居民点用地面积（万公顷）	常住总人口（万人）	农村常住人口（万人）	农村户籍人口（万人）	农业人口（万人）	农村常住人口人均居民点用地（米²/人）	农村户籍人口人均居民点用地（米²/人）
2000	36.38	2848.8	1834.94	3091.09	2430.2	198.24	149.68
2001	36.37	2829.21	1771.09	3097.91	2408.39	205.37	151.02
2002	36.35	2814.83	1691.71	3113.83	2392.38	214.85	151.93
2003	36.27	2803.19	1628.64	3130.1	2376.18	222.71	152.65
2004	36.12	2793.32	1577.9	3144.23	2358.4	228.92	153.16
2005	36.08	2798	1532.05	3169.16	2351.88	235.48	153.40
2006	36.02	2808	1496.71	3198.87	2353.44	240.67	153.06

续表

年份	农村居民点用地面积（万公顷）	常住总人口（万人）	农村常住人口（万人）	农村户籍人口（万人）	农业人口（万人）	农村常住人口人均居民点用地（米²/人）	农村户籍人口人均居民点用地（米²/人）
2007	35.96	2816	1454.65	3235.32	2358.35	247.22	152.48
2008	35.79	2939	1419.91	3257.05	2349.67	252.07	152.32
2009	36.25	2859	1384.08	3275.61	2326.92	261.89	155.78
2010	36.19	2884.62	1355.07	3303.45	2196.45	267.04	164.75
2011	35.98	2919	1313.04	3329.81	2052.17	274.02	175.32
2012	35.72	2945	1266.89	3343.44	2026.19	281.92	176.27
2013	35.46	2970	1237.24	3358.42	2014.37	286.62	176.04
2014	35.13	2991.4	1208.39	3375.2	2003.08	290.70	175.37
2015	34.92	3016.55	1178.14	3371.84	1980.82	296.38	176.28
2016	35.46	3392.11	1776.6	—	—	199.62	—

资料来源：重庆市历年土地利用变更调查数据及《重庆市统计年鉴》（2001～2017年），2016年统计口径发生变化，取消了农村户籍人口指标

3. 测算结果及分析

根据表4-1中的数据计算得到2000～2015年农村居民点用地面积和动态变化度（图4-1）和人均农村居民点用地及城镇化率变化度（图4-2）。从图4-1可见，2000年以来，重庆市农村居民点用地面积整体上呈快速下降的趋势，农村居民点用地年变化率在波动中呈下降趋势，表现为“下降—上升—下降”的倾斜波动型变化特点。经济的快速发展拉动农业剩余业劳动力从农村流入城市，农村宅基地以及农村各项建设用地总体需求趋缓，再加上宏观经济背景的变化，乡镇企业破产，致使农村居民点用地面积呈下降态势。尤其是2006年全市实施城乡建设用地增减挂钩试点以来，部分农村居民点用地被复垦、整理；2008年农村居民点用地面积较2007年减少1700公顷。2008年底以来，重庆市建立了统筹城乡建设用地布局与利用的地票交易制度，客观上农村居民点用地被复垦的速度大大加快，这也是农村居民点用地总量下降的重要原因。

需要指出的是，2009年因开展了第二次土地利用变更调查，统计口径发生变化，农村居民点用地面积较2008年以前出现突变，在总量上呈现增长的趋势。但2009年以后，基于第二次土地利用变更调查数据的历年变更调查数据显示，农村居民点用地呈现逐年递减的趋势，年减少率基本保持平稳，验证了农村居民点用地面积总体下降的趋势。

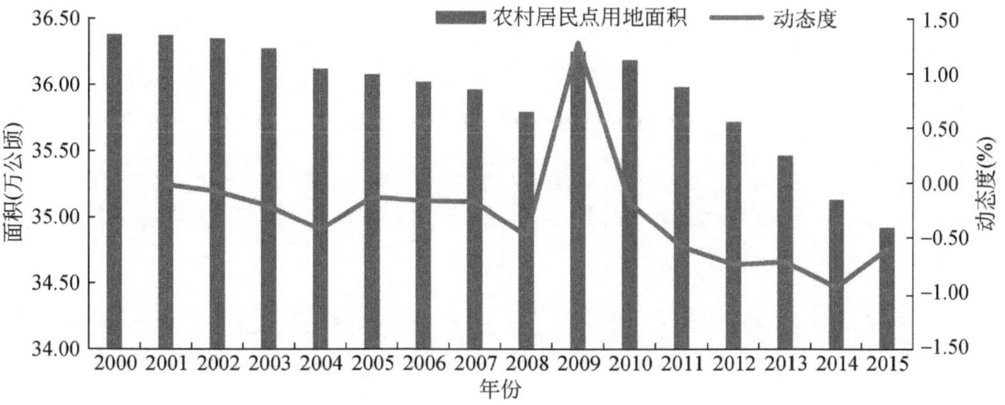

图 4-1　2000 ~ 2015 年重庆市农村居民点用地面积和动态度变化图

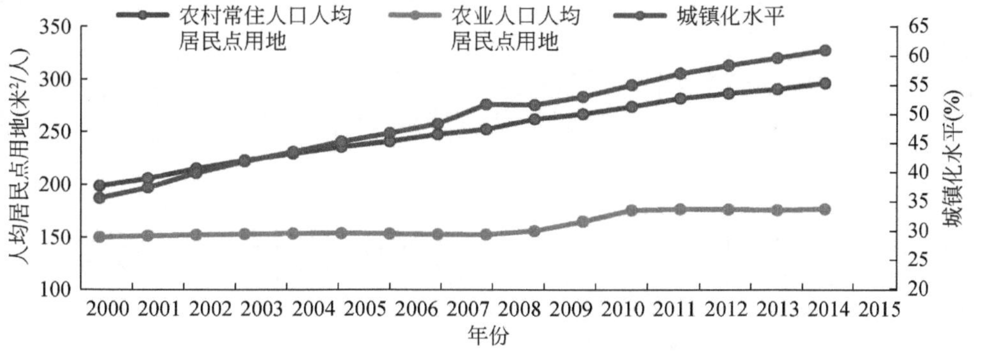

图 4-2　2000 ~ 2015 年重庆市人均农村居民点用地及城镇化率变化图

从图 4-2 可见，重庆市人均农村居民点用地面积一直呈现增长趋势。随着全市城镇化水平的提高，农村人口向城镇集聚。尽管农村居民点用地总量下降，但与人口从农村外迁相比较，农村人口减少的速度快于农村居民点用地减少的速度（即人口转移并不一定退出土地），因此，人均农村居民点用地却呈现逐渐增长的趋势。

4.2.3　重庆市人均农村居民点用地水平空间差异

2016 年重庆市人均农村居民点用地面积为 311 平方米（按农村常住人口计算），是《中华人民共和国国家标准：镇规划标准》（GB50188—2007）最大值 140 平方米的 2 倍多，且各区县人均农村居民点用地面积差异较大（表 4-2）。如

表 4-2　重庆市 2016 年各区县人均农村居民点用地情况表

区县	常住总人口（万人）	常住农村人口（万人）	户籍总人口（万人）	户籍农业人口（万人）	城乡建设用地面积（公顷）	居民点用地面积（公顷）	居民点用地在建设用地中占比（%）	常住人口人均居民点用地（平方米）	户籍人口人均居民点用地（平方米）
渝中区	65. 72	0. 00	52. 51	0. 00	1 794. 42	0. 00	0. 00	0. 00	0. 00
大渡口区	34. 00	0. 91	26. 07	0. 00	4 607. 19	675. 25	14. 66	742. 03	0. 00
江北区	86. 14	3. 70	61. 05	3. 81	10 079. 05	896. 51	8. 89	242. 30	235. 30
沙坪坝区	113. 39	6. 15	81. 75	10. 14	16 189. 76	3 645. 32	22. 52	592. 73	359. 50
九龙坡区	120. 18	9. 38	91. 72	15. 06	16 176. 72	3 881. 66	24. 00	413. 82	257. 75
南岸区	87. 39	4. 40	69. 95	5. 98	11 123. 45	1 646. 53	14. 80	374. 21	275. 34
北碚区	79. 61	15. 26	63. 43	21. 44	15 347. 70	4 780. 96	31. 15	313. 30	222. 99
綦江区	108. 48	43. 91	120. 63	60. 30	18 003. 56	11 717. 01	65. 08	266. 84	194. 31
大足区	77. 92	34. 77	106. 42	58. 71	18 429. 31	12 777. 03	69. 33	367. 47	217. 63
渝北区	160. 25	31. 66	125. 16	36. 08	34 129. 60	8 514. 07	24. 95	268. 92	235. 98
巴南区	105. 12	21. 99	91. 48	33. 21	19 204. 89	10 085. 17	52. 51	458. 63	303. 68
黔江区	46. 56	24. 45	55. 41	32. 61	9 884	6 915. 79	69. 97	282. 85	212. 08
长寿区	82. 57	30. 29	90. 23	51. 75	16 523. 36	8 000. 96	48. 42	264. 15	154. 61
江津区	135. 33	46. 74	150. 06	79. 57	32 142. 68	22 768. 44	70. 84	487. 13	286. 14
合川区	137. 56	47. 45	154. 69	79. 54	23 706. 00	16 559. 50	69. 85	348. 99	208. 19
永川区	111. 06	37. 04	113. 60	62. 43	23 049. 97	15 559. 95	67. 51	420. 09	249. 24
南川区	57. 26	24. 45	68. 74	41. 82	11 548. 10	8 179. 47	70. 83	334. 54	195. 59
璧山区	73. 00	33. 39	64. 35	30. 84	13 256. 86	7 555. 72	56. 99	226. 29	245. 00
铜梁区	71. 92	33. 74	84. 83	45. 85	14 951. 06	10 944. 23	73. 20	324. 37	238. 70
潼南区	70. 51	34. 98	95. 68	56. 35	16 399. 84	13 129. 46	80. 06	375. 34	233. 00
荣昌区	70. 43	33. 15	85. 06	43. 32	15 085. 17	11 085. 60	73. 49	334. 41	255. 90
万州区	162. 33	58. 78	176. 05	103. 57	29 072. 38	19 970. 31	68. 69	339. 75	192. 82
涪陵区	114. 82	39. 67	116. 42	64. 52	20 072. 80	12 203. 89	60. 80	307. 64	189. 15
开州区	117. 47	64. 89	169. 12	106. 37	19 598. 37	15 878. 01	81. 02	244. 69	149. 27

续表

区县	常住总人口（万人）	常住农村人口（万人）	户籍总人口（万人）	户籍农业人口（万人）	城乡建设用地面积（公顷）	居民点用地面积（公顷）	居民点用地在建设用地中占比（%）	常住人口人均居民点用地（平方米）	户籍人口人均居民点用地（平方米）
梁平区	65.36	37.20	93.01	57.25	16 429.54	13 379.51	81.44	359.66	233.70
城口县	18.49	12.31	25.24	18.40	3 679.31	3 135.21	85.21	254.69	170.39
丰都县	58.74	33.30	83.04	58.95	12 484.01	9 551.12	76.51	286.82	162.02
垫江县	68.83	39.17	97.51	56.72	14 358.61	11 648.86	81.13	297.39	205.37
武隆区	34.60	20.37	41.44	29.73	7 275.94	5 310.06	72.98	260.68	178.61
忠县	71.67	41.86	100.31	67.37	14 111.30	11 878.03	84.17	283.76	176.31
云阳县	91.28	54.03	134.96	89.19	13 949.49	11 081.86	79.44	205.11	124.25
奉节县	74.04	43.82	106.63	78.67	15 203.23	12 484.40	82.12	284.90	158.69
巫山县	45.55	28.08	63.93	47.60	10 687.92	8 778.53	82.14	312.63	184.42
巫溪县	38.90	25.74	54.54	35.91	8 498.26	7 354.25	86.54	285.71	204.80
石柱土家族自治县（简称石柱县）	38.34	22.66	54.76	38.37	9 244.53	7 040.16	76.15	310.69	183.48
秀山土家族苗族自治县（简称秀山县）	48.63	29.84	66.69	47.08	10 395.74	7 526.79	72.4	252.24	159.87
酉阳土家族苗族自治县（简称酉阳县）	55.16	37.42	85.35	58.11	12 131.94	10 372.28	85.50	277.19	178.49
彭水苗族土家族自治县（简称彭水县）	49.82	33.03	70.29	49.98	9 221.87	7 731.72	83.84	234.08	154.70

果按照农村常住人口计算，主城各区人均居民点用地面积相对较大，其中最大为大渡口区，人均达742.03平方米；最小的人均也有205.11平方米。如果按照2015年户籍人口计算，最大面积达人均359.50平方米；最小的人均也有124.25平方米。从空间分布情况来看，无论是按户籍人口还是常住人口计算，人均农村居民点用地面积相对较大的区域均分布在渝西地区。这是由于渝西地区农村人口密集，农村居民点用地基数较大；同时由于靠近城镇，进城务工劳动力多，农村常住人口大于农村户籍人口，按常住人口计算人均农村居民点用地规模相对较大。一般认为，人均农村居民点用地水平越高的区域，农村集体建设用地财产价值潜力也就相对越高。测算过程将在后面详细说明。

4.2.4 农村集体建设用地财产价值潜力测算

1. 测算原理

以往对农村集体建设用地财产价值的潜力测算通常采用人均标准法，将农村常住人口的变化作为未来一段时间流转潜力测算的依据。然而，随着农村集体建设用地财产价值显现，农村人口土地财产权利意识觉醒，以及农村土地制度改革中不再强调进城农民放弃农村土地财产权益。因此，本研究认为应当在现有户籍人口的基础上，以保障现有户籍人口居住的需求为前提，将现实农村集体建设用地中的闲置用地作为用于异地发展权交易等多种形式财产化的主要来源。土地财产价值实现的渠道既可以是异地交易，也可以通过就地市场化。因此，对于集体建设用地财产价值潜力的测算，关键是摸清现有集体建设用地中的闲置规模，并根据现有市场交易价格测算其财产价值规模。具体测算思路如下式：

$$Y_i = (A_i - B_i) \cdot P_i$$

式中，Y_i 为 i 区域集体建设用地财产价值潜力；A_i 为 i 区域集体建设用地现状规模；B_i 为 i 区域现有农村人口的纯粹用于居住的用地需求（这部分土地财产被假定为属于不产生财产性收益的财产）；P_i 为 i 区域集体建设用地市场交易价格，按2017年地票交易均价19万元/亩估算。

2. 测算过程及结果

为充分保障农村人口的居住需求，测算财产价值潜力时，人均标准均采用镇规划标准的上限值，即140平方米。

根据财产价值潜力测算结果（表4-3），即在保障现有农村人口居住用地最大需求的基础上，全市仍然有 107 324. 36 公顷集体建设用地可用于市场交易，折合当前市场价 3058. 74 亿元。

表 4-3　重庆市集体建设用地财产价值潜力

区县	财产价值潜力规模（公顷）	财产价值规模（万元）	区县	财产价值潜力规模（公顷）	财产价值规模（万元）
渝中区	0	0	潼南区	5 240. 46	1 493 531. 10
大渡口区	675. 25	192 446. 25	荣昌区	5 020. 80	1 430 928. 00
江北区	363. 11	103 486. 35	万州区	5 470. 51	1 559 095. 35
沙坪坝区	2 225. 72	634 330. 20	涪陵区	3 171. 09	903 760. 65
九龙坡区	1 773. 26	505 379. 10	开州区	986. 21	281 069. 85
南岸区	809. 33	230 659. 05	梁平区	5 364. 51	1 528 885. 35
北碚区	1 779. 36	507 117. 60	城口县	559. 21	159 374. 85
綦江区	3 275. 01	933 377. 85	丰都县	1 298. 12	369 964. 20
大足区	4 557. 63	1 298 924. 55	垫江县	3 708. 06	1 056 797. 10
渝北区	3 462. 87	986 917. 95	武隆区	1 147. 86	327 140. 10
巴南区	5 435. 77	1 549 194. 45	忠县	2 446. 23	697 175. 55
黔江区	2 350. 39	669 861. 15	奉节县	1 470. 60	419 121. 00
长寿区	755. 96	215 448. 60	巫山县	2 114. 53	602 641. 05
江津区	11 628. 64	3 314 162. 40	巫溪县	2 326. 85	663 152. 25
合川区	5 423. 90	1 545 811. 50	云阳县	0	0
永川区	6 819. 75	1 943 628. 75	石柱土家族自治县	1 668. 36	475 482. 60
南川区	2 324. 67	662 530. 95	秀山土家族苗族自治县	935. 59	266 643. 15
璧山区	3 238. 12	922 864. 20	酉阳土家族苗族自治县	2 236. 88	637 510. 80
铜梁区	4 525. 23	1 289 690. 55	彭水苗族土家族自治县	734. 52	209 338. 20

注：云阳县因户籍人口规模大且人均标准采用上限，所以理论潜力值为负数，最终取值为 0

需要说明的是，云阳、开州、城口、巫山等地区尽管有大量农村居民点用地，且因人口外出务工占比大，现状居民点用地闲置数量也较多，但因这些地区的户籍人口总量较多，在保障户籍人口居住用地的前提下，可用于财产性收入的集体建设用地财产价值潜力并不高。如果进一步考虑这些地区外出务工人口进行市民化转换，可以充分脱离土地，以上地区还有可观的集体建设用地财产价值潜力可供挖掘。

4.3　农用地财产性收入增长空间

4.3.1　重庆市耕地质量情况

根据重庆市2014年农用地分等结果，在全市耕地资源中，自然质量等、利用等都是以中等质量耕地居多。我国农用地按照1～4等、5～8等、9～12等、13～15等划分为优等地、高等地、中等地和低等地，重庆市无优等耕地分布，按自然等计算，高等地仅占11.50%，中等地占88.50%，无劣等地分布。按利用等计算，全市高等地仅占12.17%，中等地占87.83%（表4-4）。

表4-4　重庆市2014年农用地各等别面积统计表

等别	自然等（万亩）	所占比例（%）	利用等（万亩）	所占比例（%）
Ⅵ	0	0.00	0.99	0.03
Ⅶ	0	0.00	34.8	0.94
Ⅷ	423.84	11.50	412.48	11.20
Ⅸ	1096.9	29.78	979.92	26.60
Ⅹ	1238.91	33.63	1216.95	33.04
Ⅺ	842.33	22.87	919.95	24.97
Ⅻ	81.83	2.22	118.74	3.22
合计	3683.81	100	3683.83	100

注：重庆市农用地等别采用罗马数字

4.3.2　基于耕地质量提升的财产性收入增长潜力

根据重庆市农地产权流转交易市场数据，现有农地流转价格为150～2000元/(亩·年)，差异显著。假定最低流转价格代表了最低自然等别耕地市场流转价格，最高流转价格代表了最高等别耕地流转价格，从最低等别到最高等别，按照等级从低到高，流转价格从低到高等比增长，可大致估算耕地质量等与其流转市场价格，并估算出耕地质量提升可能产生的财产价值潜力。

$$P=I_{1_i}\cdot P_{1_i}-I_{2_i}\cdot P_{2_i}$$

式中，P为耕地质量提升的财产价值潜力；I_{1_i}为农地整治后等级有所提高的耕地面积；P_{1_i}整治后耕地流转市场价格；I_{2_i}为整治前耕地面积，P_{2_i}为整治前耕地流转市场价格。

目前全市农用地流转市场价格大多为800～1000元，对应的耕地自然等为Ⅶ～Ⅸ等（表4-5），正好与全市最为广泛的中等级别耕地分布情况相当。

表 4-5　不同等级耕地流转价格估算　　单位：元/（亩·年）

等别	Ⅰ	Ⅱ	Ⅲ	Ⅳ	Ⅴ	Ⅵ	Ⅶ	Ⅷ	Ⅸ	Ⅹ	Ⅺ	Ⅻ
流转价格						2000	1630	1260	890	486	520	150

根据《全国土地整治规划（2016～2020 年）》和《重庆市人民政府关于印发重庆市生态文明建设“十三五”规划的通知》相关目标，经整治的高标准农田平均等级可提高 1 个等级（图 4-3），即可估算经整治后的高标准农田流转价格可提高 370 元/（亩·年）。

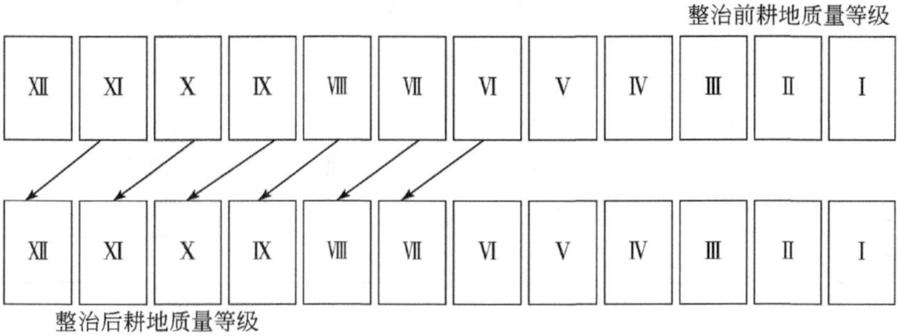

图 4-3　不同等级耕地质量提升情况

按照《重庆市土地利用总体规划（2006～2020 年）》确定的基本农田保护目标 2424 万亩，将其中中等及以下等别农田实施高标准农田建设，理论上，经过整治的基本农田可以实现农用地财产性收入增长 896 880 万元。

4.3.3　全国耕地质量提升的财产性收入增长潜力估算

按照重庆市基于耕地质量提升的财产性收入增长潜力估算思路，可大致估算全国耕地质量提升的财产性收入增长潜力。

根据全国农用地分等成果，优、高、中、低等地面积占全国农用地评定总面积的比例分别为 2.94%、26.53%、52.84%、17.69%（表 4-6）。

表 4-6　全国 2014 年耕地质量情况表

等别	面积（万公顷）	所占比例（%）	等别	面积（万公顷）	所占比例（%）
1	48.84	0.36	优等地	397.38	2.94
2	59.93	0.45			
3	115.85	0.86			
4	172.76	1.28			

续表

<table>
<tr><th>等别</th><th>面积（万公顷）</th><th>所占比例（%）</th><th>等别</th><th>面积（万公顷）</th><th>所占比例（%）</th></tr>
<tr><td>5</td><td>366.48</td><td>2.71</td><td rowspan="4">高等地</td><td rowspan="4">3584.6</td><td rowspan="4">26.53</td></tr>
<tr><td>6</td><td>886.22</td><td>6.56</td></tr>
<tr><td>7</td><td>1 143.89</td><td>8.47</td></tr>
<tr><td>8</td><td>1 188.01</td><td>8.79</td></tr>
<tr><td>9</td><td>1 410.69</td><td>10.44</td><td rowspan="4">中等地</td><td rowspan="4">7 138.52</td><td rowspan="4">52.84</td></tr>
<tr><td>10</td><td>1 790.55</td><td>13.25</td></tr>
<tr><td>11</td><td>2 045.43</td><td>15.14</td></tr>
<tr><td>12</td><td>1 891.85</td><td>14.00</td></tr>
<tr><td>13</td><td>1 125.5</td><td>8.33</td><td rowspan="3">低等地</td><td rowspan="3">2 389.25</td><td rowspan="3">17.69</td></tr>
<tr><td>14</td><td>765.63</td><td>5.67</td></tr>
<tr><td>15</td><td>498.12</td><td>3.69</td></tr>
<tr><td>合计</td><td colspan="5">13 509.75</td></tr>
</table>

资料来源：2017 年《土地整治蓝皮书》

《全国国土规划纲要（2016—2030 年）》明确，到 2020 年和 2030 年全国耕地保有量分别不低于 18.65 亿亩（1.24 亿公顷）、18.25 亿亩（1.22 亿公顷），永久基本农田保护面积不低于 15.46 亿亩（1.03 亿公顷）。《全国土地整治规划（2016—2020 年）》明确，到 2020 年，通过农用地整治改造中低等耕地 2 亿亩左右，通过土地整治建成 2.3 亿～3.1 亿亩高标准农田，经整治的基本农田质量平均提高 1 个等级。可估算，到 2020 年，按整治 2.3 亿～3.1 亿亩计算，可获得耕地质量提升财产性收入增长潜力 391 亿～527 亿元。到 2030 年，因耕地和永久基本农田总量有所减少，耕地质量提升财产性收入增长潜力将略有降低。

由于全国各个地区耕地质量等别有较大差异，其中东部、中部地区耕地平均质量相对较高，而西部地区耕地质量各等别相对较低。具有较大耕地质量提升潜力的中、高等耕地主要分布在中部、西部地区，因此，中部、西部地区具有较大的耕地质量提升的财产价值潜力。特别是高等耕地集中分布的江苏、河南、山东、湖北、江西、安徽、广西、四川、广东、湖南、浙江、河北等省（自治区、直辖市），占全国高等耕地面积的 89.49%，这些高等耕地进一步提升为优等耕地，进而提升财产价值的潜力巨大；此外，中等耕地集中分布的吉林、黑龙江、云南、辽宁、四川、新疆、贵州、安徽、山东等 10 个省（自治区、直辖市）（表 4-7），也具有可观的耕地质量提升财产价值潜力。

表 4-7　全国 31 个省（自治区、直辖市）耕地质量等别状况

单位：万亩

地区	等别															合计
	1	2	3	4	5	6	7	8	9	10	11	12	13	14	15	
北京							1.47	196.84	45.93	62.64	23.18					330.06
天津								0.04	80.6	347.39	191.57	36.8	0.05			656.45
河北					42.06	147.57	503.53	1 103.32	1 310.04	1 377.37	1 144.84	1 358.14	1 353.14	1 385.66	92.44	9 818.11
山西					5.9	10.82	51.96	165.08	365.48	546.53	679.57	1 426.87	1 791.14	1 044.2		6 087.55
内蒙古						0.1	1.7	8.7	68.95	230.94	468.81	959.16	2 022.37	2 931.81	7 037.92	13 730.46
辽宁							0.71	43.33	428.22	1 116.29	3 133.52	2 556.54	197.43	1.01		7 477.05
吉林						15.14	36.29	196.51	1 951.98	2 904.41	2 128.92	2 484.79	672.15	115.24		10 505.43
黑龙江							0.02	70.19	773.48	2 890.76	7 947.07	7 533.04	4 100.6	596.13		23 911.29
上海				5.94	61.9	194.47	20.49	0.79								283.59
江苏				4.59	760.83	4 910.6	1 184.33	5.75								6 866.10
浙江		2.86	16.35	74.65	125.06	337.52	483.67	577.3	580.32	567.1	294.26	41.92	0.19			3 101.20
安徽			41.9	135.35	379.63	620.05	1 005.02	1 357.35	2 608.56	2 296.19	355.98	14.59				8 814.62
福建			0.7	16.47	79.05	226.54	405.28	440.4	380.76	268.78	131.88	50.13	8.19			2 008.18
江西			12.2	163.21	532.93	885.44	1 058.97	849.2	496.33	279.64	205.9	115.84	25.2	0.14		4 625
山东				0.39	96.49	690.9	2 279.55	3 595.12	2 584.58	1 572.8	456.45	162.16				11 438.44
河南				14.56	272.04	1 378.64	5 794.68	2 987.45	1 054.48	552.18	134.71	0.37				12 189.11
湖北	351.66	617.97	944.25	1 248.78	1 390.31	1 082.92	516.99	539.15	518.26	346.76	222.3	88	16.77			7 884.12

续表

地区	等别															合计
	1	2	3	4	5	6	7	8	9	10	11	12	13	14	15	
湖南	367.75	170.64	375.16	296.65	419.4	336.8	372.42	799.52	652.93	739.15	695.31	599.31	336.2	191.12	11.8	6 364.16
广东	12.51	107.5	327.22	574.04	961.22	993.35	546.4	258.06	125.29	32.24	0.4					3 938.23
广西				13.39	106.53	774.43	1 231.76	835.01	1 441	1 868.06	406.12	0.01				6 676.31
海南			0.33	7.19	105.74	142.73	164.89	205.16	134.32	97.82	91.98	112.21	24.85	1.75		1 088.97
重庆						0.99	34.8	412.48	979.92	1 216.95	919.95	118.74				3 683.83
四川			0	3.32	52.24	179.89	772.67	1 985.08	2 537.08	2 818.87	1 335.38	438.54	62.82			10 185.89
贵州							7.95	111.86	521.03	1 134.74	1 708.74	2 206.48	1 090.32	34.57	0.22	6 815.91
云南			19.62	25.63	45.4	165.58	221.44	374.8	725	2 022.14	3511.18	2 170.2	32.97			9 313.96
西藏								0.55	13.51	52.62	100.2	82.12	46.07	1.69	0.05	296.81
陕西				7.16	60.38	178.46	337.6	462.04	375.11	383.25	650.73	1 067.42	1 321.92	1153.26		5 997.33
甘肃								0.71	54.88	427.43	665.48	1 076.04	1 926.43	3 583.71	329.41	8 064.09
青海											18.69	181.88	471.01	126.03		797.61
宁夏					0.03	19.64	109.73	189.82	221.3	149.79	176.56	359.97	623.66	84.69		1 935.19
新疆						0.76	14.01	48.6	130.94	555.37	2 881.81	3 136.53	758.97	233.45		7 760.44
合计	731.92	898.97	1 737.73	2 591.32	5 497.14	13 293.34	17 158.33	17 820.21	21 160.28	26 858.21	30 681.49	28 377.8	16 882.45	11 484.46	7 471.84	202 645.5

资料来源：2017 年《土地整治蓝皮书》

第5章　土地发展权转移中的农民土地财产性收入实现

5.1　土地发展权及其价值

土地发展权转移（transferrable development rights，TDR）的概念最早起源于美国，它是指将一块土地进行非农开发的权利，通过市场机制转移到另一块土地。如果把在某个地块上进行如非农业开发之类的权利称为土地发展权，那么这种权利可以从某地块上分离出来，并被有偿转移到接受（或购买）区的另一地块上。土地发展权指将土地变更不同使用性质的权利，是一种可以独立支配的财产权。变更土地使用性质包括改变土地用途和土地利用强度（包括容积率、开发密度和建筑高度三个指标，主要指容积率）两个方面。土地用途和土地利用强度是土地发展权的物质要素，也是其发挥价值与功能的物质内容，土地发展权物质要素的价值形态就是土地发展权价值构成。具体包括：①土地用途变更所产生的价值变化；②土地利用强度变更所产生的价值变化；③土地用途与利用强度变更中因区位变化所产生的价值变化。土地发展权价值各构成要素虽都有自己的运动规律，但它是一个有机统一体，没有明确利用强度和用途的土地区位变化，在价值上是无意义的，其他两方面亦如此。

土地发展权价格是转让土地发展权所取得的货币补偿，即土地发展权的交换价值。土地发展权价格的实质是土地利用性质改变后的土地价格与现状利用性质下的土地价格之差。具体来说，土地发展权价格包括：①由于经济社会发展和土地利用规划变化导致土地区位的改变而产生的土地价格差；②改变土地用途所产生的土地价格差，因为土地用于生态、农业、工业、住宅、商业等不同用途，其单位面积的用地价格差别明显；③改变土地利用强度所产生的土地价格差。因此，影响土地发展权价格的因素包括：土地利用规划、土地区位、土地用途和土地利用强度等。

从土地价值（或使用价值）到价格的形成，比较经典且被学界认可的理论有：马克思主义地租地价理论、土地收益理论和土地供求理论。马克思认为，自然状态下的土地不是劳动产品，没有任何价值（劳动价值），但有使用价值，并存在价格。地租源于人们对土地所有权和经营权的垄断，资本化的地租表现为土地价格。其公式为土地价格=地租/土地还原利率。土地收益理论认为，土地的收益是确定其价值的基础。土地可以重复不断地产生收益，并形成收益流，把预期的土地收益流资本化而成为一笔价值基金，这在经济学上就称为土地的资本价值（伊利和莫尔豪斯，1982）。用公式表示为土地价格＝土地纯收益/土地还原利率。地价测算的各种模型，大多以此原理为基础。

土地发展权价格的形成机理也要从土地发展权的经济本质谈起。第一，土地发展权源于土地所有权及国家行政管理权，是对所有权进行限制的产物，因而是一种权利的垄断。它的经济价值来源于权利的垄断。第二，经济社会发展促使土地利用性质改变，从而产生土地纯收益增加的预期，预期土地收益的增量即为土地发展权价格。第三，土地利用性质涉及内容非常多，其中属于土地发展权的主要内容是土地利用规划、区位、土地用途与土地利用强度。简单地说，即土地利用规划、区位、土地用途与土地利用强度的变化带来的土地纯收益的变化就是土地发展权价格的量化基础。

根据第 3 章土地财产性收入来源及构成部分中将土地发展权划分为实体发展权、基础发展权和虚拟发展权，以及不同发展权的价值归属主体阐述，土地发展权转移中由于农民的土地发展权转移所获得的收益，或农村土地发展权转移中由农民分享到的与土地产权相关的收益，就是土地发展权转移中农民土地财产性收入实现的部分，可以说土地发展权转移成为新型城镇化及城乡融合发展进程中农民土地财产性收入实现的重要渠道之一。同时，该部分内容也为新型城镇化进程中土地发展权转移时确保农民土地财产性收入实现的相关政策制定提供了理论支持。具体而言，中国目前涉及土地发展权转移的土地配置与利用方式主要包括城乡建设用地增减挂钩指标交易和地票交易。尽管耕地保护基金以及耕地占补平衡指标交易也涉及发展权的转移与交易，但耕地保护基金的发展权交易机制和地票、城乡建设用地增减挂钩等机制略有区别，本章以城乡建设用地增减挂钩、地票这两个原理一致的发展权转移分析农民土地财产性收入实现问题。

5.2 城乡建设用地增减挂钩中的土地发展权转移及农民土地财产性收入实现

5.2.1 城乡建设用地增减挂钩的概念及原理

城乡建设用地增减挂钩制度在 2004 年《国务院关于深化改革严格土地管理的决定》中首次提及，其政策核心是缓解紧张的城市土地供需矛盾，推动城市建设用地增加和农村建设用地减少相挂钩。随即，国土资源部出台了系列文件，并选择试点省市推广实行。

根据国土资源部 2005 年发布的《关于规范城镇建设用地增加与农村建设用地减少相挂钩试点工作的意见》以及 2008 年出台的《城乡建设用地增减挂钩试点管理办法》中关于增减挂钩制度原则和管理措施的具体规定，城乡建设用地增减挂钩制度的核心思想是：复垦农村闲置废弃的建设用地，增加建设用地指标，并将农村建设用地指标转移到城镇，保障区域城镇化发展。具体包括如下内容：①通过复垦工程，将拆旧区闲置农村建设用地复垦为耕地，产生新增建设用地指标；②通过建新工程，在建新区使用新增建设用地指标，开发建设城镇新区域；③新增建设用地指标的产生和使用在空间上形成对应关系；④新增建设用地指标的产生和使用由地方政府部门具体实施。

由于城乡建设用地增减挂钩项目的实施主体一般为地方政府部门，因此其产生及使用的新增建设用地指标一般在其管辖范围内进行置换，通常是在一个县域范围内进行指标置换，其原理如图 5-1 所示。

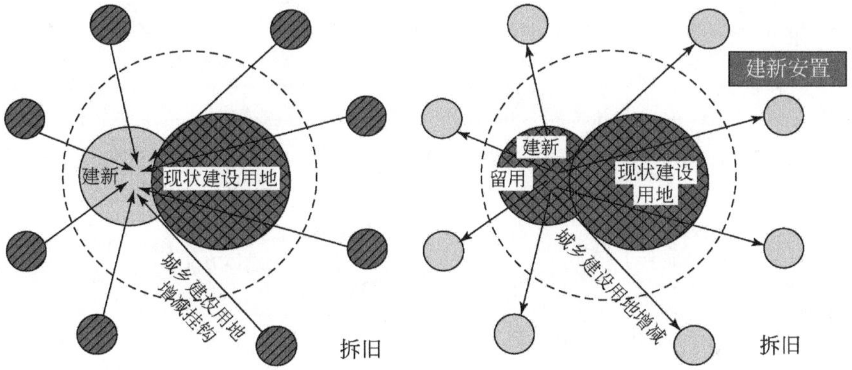

图 5-1　城乡建设用地增减挂钩原理

5.2.2　城乡建设用地增减挂钩制度运行环境

城乡建设用地增减挂钩制度出台后，以其制度框架为基础，各地在其基本制度框架范畴内，积极结合地方实际进行了模式创新探索，比较有代表性的有天津的“宅基地换房”模式、江苏的“万顷良田建设”模式、浙江嘉兴“两分两换”模式以及由此延伸的重庆地票模式等。

各个典型模式所在地区的社会经济发展条件和水平存在明显的差异。一些模式出现在城镇化水平相对较高的地区，地区内各地的城镇化水平差异并不明显。例如，浙江嘉兴的“两分两换”模式、天津的“宅基地换房”模式。而另一些模式出现在城镇化快速发展初期阶段的地区，如成渝地区，城镇化水平较低，且区域内城镇化水平差异明显，特别是重庆主城区、西部片区、渝东北、渝东南片区之间的城镇化水平差距巨大。

为了更加清晰地比较各个典型模式的创新环境，采用威廉姆森的“社会基础-制度环境-治理结构-资源配置”四层次理论（文兰娇和张安录，2016），分析不同地域环境中城乡建设用地增减挂钩制度的创新基础。其中，第一层次为社会基础，用社会经济发展水平、城镇化水平和工业化程度衡量；第二层次为制度环境，包括自上而下的制度安排和自下而上的制度创新；第三层次为治理结构，可以看作是人类在一定的游戏规则下自发选择的各种竞争规则，或者可以看作是游戏的过程，是在一定的社会基础下政策的具体实现形式；第四个层次为资源配置，指在既定制度环境和治理结构下，市场运行所取得的市场配置效率。不同区域城乡建设用地增减挂钩的制度创新及运行环境见表5-1。

表5-1　典型地区城乡建设用地增减挂钩制度创新及运行环境比较

项目	长三角地区	珠三角地区	京津冀地区	成渝地区
发展定位	中国经济实力最强的城市群，城镇化、工业化程度高，外贸发达	经济实力雄厚，城镇化、工业程度高，外贸发达；劳动密集型和高新技术产业集中	政治、经济、文化交流中心。2014年，京津冀协同发展上升为国家战略	中国西部经济总量最大、发展水平最高的两大中心城市，是承接东部地区产业转移的重要地区
政策环境	2009年浙江省国土资源厅关于印发《城乡建设用地增减挂钩实施方案审查报批办法（试行）》的通知；2008年《上海市城乡建设用地增减挂钩试点管理办法》；《农村集体建设用地流转试点操作规范（试行）》；宿迁市建设用地和耕地占补平衡指标调剂使用暂行办法；2010年《江苏省城乡建设用地增减挂钩实施办法》；2016年《江苏省增减挂钩节余指标流转使用管理暂行办法》	2003年顺德颁布《集体所有建设用地使用权流转管理暂行办法》；2004年佛山市《关于印发佛山市试行农村集体建设用地使用权流转实施办法的通知》，将“顺德模式”在全佛山范围内试行；2005年广东省人民政府出台了《广东省集体建设用地使用权流转管理办法》；2011年，南海区政府印发了《佛山市南海区集体建设用地使用权出让出租管理办法》的通知，标示农村集体建设用地正式进入土地一级市场；2011年《广东省人民政府办公厅关于切实做好城乡建设用地增减挂钩试点和农村土地整治工作的通知》	2005年国务院批准的《天津滨海新区综合配套改革试验总体方案》；2009年，天津市政府出台《天津市以宅基地换房建设示范小城镇管理办法》；《关于示范小城镇试点建立规范的决策指挥系统的指导意见》、《关于示范小城镇试点建立规范的投融资建设平台的指导意见》等规范性文件；2009年《天津市城乡建设用地增减挂钩试点管理办法》；2012年《河北省城乡建设用地增减挂钩试点管理暂行办法》	2008年四川省发布《城乡建设用地增减挂钩试点管理办法》；2010年四川省《关于严格规范城乡建设用地增减挂钩试点切实做好农村土地整治工作的实施意见》；2010年重庆市《城乡建设用地增减挂钩试点管理办法（试行）》；2010年《重庆市人民政府贯彻落实国务院关于严格规范城乡建设用地增减挂钩试点切实做好农村土地整治通知的通知》等；2017年《四川省进一步深化城乡建设用地增减挂钩试点改革助推脱贫攻坚意见的通知》

续表

项目	长三角地区	珠三角地区	京津冀地区	成渝地区
资源配置	浙江省创造性地引入市场机制，通过构建“折抵指标有偿调剂”“基本农田易地代保”“易地补充耕地”这3个具有可操作性的概念，实现了“跨区域土地发展权交易”。“跨区域土地发展权交易”的首要内容是所谓的“折抵指标有偿调剂”，为了破解建设用地供给与需求的区域不平衡性，跨区域有偿调剂，从而构建了一个折抵指标市场	实现了农村土地资产化和工业化，促进了农民收入，在省内不同市、县跨区实现了土地发展权的市场化交易，是一种行政区域内地方政府主导的土地发展权转移，即地方政府为获得建设用地指标对城市建设规划范围外农村地区的耕地和宅基地进行复垦，借此获得建设用地指标，并将其转移到城市近郊，用于工业开发区建设和城市扩张	遵循“承包责任制不变，可耕种土地不减，尊重农民自愿，以宅基地换房”26字方针，按照挂钩项目建设时序分批次申请土地周转指标，对指标实施总量控制、封闭运行、定期考核、到期归还，确保耕地总量动态平衡，实现良性发展	作为国家首个“城乡综合配套改革试点”的城市，成都市从2003年开始探索实施“三个集中”的统筹推进，即工业向集中发展区集中，农民向城镇集中，土地向规模经营集中。以工业化带动城镇和第三产业发展，创造转移农村富余劳动力的条件；农民向城镇集中，为城镇聚集人气、创造商机，农民向第二、第三产业转移，为土地规模经营创造条件；土地向规模经营集中推动了现代农业发展，促进农民增收

5.2.3　城乡建设用地增减挂钩制度典型创新模式对比

由于各个模式形成的社会基础、制度环境、治理结构与资源配置效果各有差异，不同的模式在具体实施中流转方式、范围、参与主体、运作流程等也各有差异。本研究选取天津“宅基地换房”和浙江嘉兴“两分两换”作为典型模式，分析在城乡建设用地增减挂钩制度框架下集体建设用地流转创新模式，以及土地发展权转移中农民土地财产性收入实现情况。

1. “宅基地换房”及其发展权转移

“宅基地换房”指在国家政策框架内，坚持承包责任制不变、耕地面积总量不减少，充分尊重农民意愿，高水平规划设计和建设一批有特色、利于产业聚集和生态宜居的新型小城镇。农民将宅基地按照规定的标准无偿换取小城镇中的一套住宅，迁入小城镇居住，同时，由村、镇政府组织对农民原有的宅基地进行整理复垦，实现耕地占补平衡。规划的新型小城镇，除了规划农民住宅小区外，还规划了可供市场化出让开发的区域，并以土地出让获得的收入平衡小城镇建设资金，做到“政府不拨钱、企业不亏钱、农民不出钱”。天津的“宅基地换房”模式在集约利用土地、资金筹措、群众权益保护等方面具有显著成效。

“宅基地换房”的本质是通过农村宅基地复垦与农民集中居住而进行的一种

土地发展权转移，即通过盘活农村集体建设用地并进行土地发展权转移，一方面可以让城市获得更多的用地指标，另一方面也可以让农民分享部分因城市化过程而带来的土地增值收益，村级组织可以用各种形式办实业和物业，农民也可以通过宅基地置换改变居住形态和居住环境，提高农民的生活质量。

2. “两分两换”模式及其发展权转移

浙江嘉兴是城乡统筹发展探索较早的地区之一，早在1998年，嘉兴就已经编制了关于农业、农村现代化建设的规划，2003年确立了城乡一体化发展战略，并将其列为嘉兴经济社会发展“五大战略”之一。2008年国家刚开始实行城乡用地增减挂钩试点政策之时，浙江省委省政府就确定嘉兴为统筹城乡综合配套改革试点地区，并提出了“两分两换”的发展改革思路。

“两分”：一是对于宅基地使用权与农村土地承包经营权采用不同的政策处理；二是将土地流转和农民搬迁分开，即对于农村土地承包经营权、耕地流转与农民搬迁安置分开处理。“两换”：一是用原有宅基地在城镇或新型农村社区中置换房产，即农村把旧有宅基地退还给农村集体，同时在城镇或新农村社区中按照规定换取新住房。在具体的操作过程中，嘉兴的13个试点乡镇，概括起来有3种模式：一是中心城区和开发区内以公寓式安置为主，新市、镇区域内以公寓式和联排安置为主，中心村为聚集的城乡新社区则以建联排房为主；二是用土地承包经营权换取社保，即农民将自己的土地承包经营权转租给农村集体经济组织或是由村集体成立集体公司，统一进行土地经营管理，农民可以每年从集体经济组织或是集体公司分得一定比例的农产品或是租金，获得社会生活保障。其操作流程如图5-2所示。

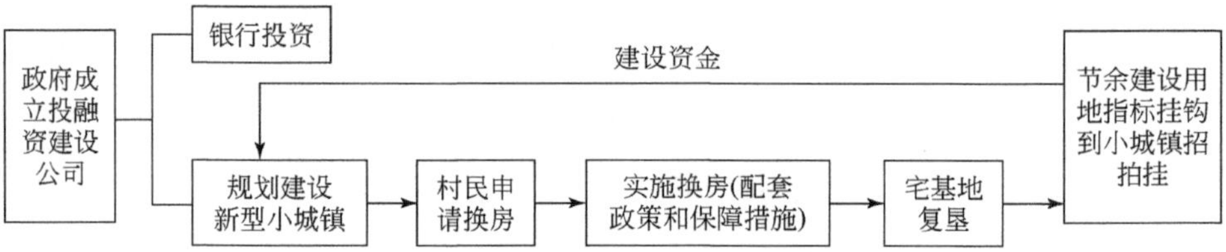

图5-2　嘉兴“两分两换”模式操作流程示意图

嘉兴“两分两换”的实施将农地拆迁、农地流转等制度创新获得的增值财富、效益提升引入二次再分配，大力促进城乡社会保障、医疗教育、公共交通等公共服务均等化，有效推动政府转型、城市化进程，拓宽农民增收新途径，从而实现更广阔的农民利益的增进。“两分两换”促使农民收入增长。通过“两分两换”的实施实现了农村土地的产权突破，将原不可流动、交易的农地产权提升为部分完全产权，实现土地产权价值增值保值。调查数据显示，2009年嘉兴农村土地征地的片区综合价不超过3.25万元/亩，嘉兴“两分两换”试点区域实际执行的土地补偿超过5万元/亩，从而使农民的土地增值收益得到了提高；同理，非“两分两换”试点区域的承包地流转费为 200 ~ 300 元/(亩・年)，而实施“两分两换”试点区域的承包地流转费上升为 600 ~ 800 元/(亩・年)。嘉兴的“两分两换”模式使得农民的土地价值得到较大的提升。同时，促进了失地农民向第二、第三产业转移就业，构建农民增收机制。调查数据表明，来自各试点村镇的农民工资性收入占总收入的 56.79%，来自家庭第二、第三产业的收入占总收入的 34.41%，来自种植业的收入占总收入的 8.8%，工资收入在各项来源中增收贡献最大，进而有助于实现稳步增加农民收入。

5.3　重庆地票交易促进农民土地财产性收入实现

5.3.1　地票及其制度运行

地票，即建设用地指标凭证，指在农村集体经济组织、农民自愿申请的前提下，将农村宅基地及其附属设施用地、农村公共设施用地、农村公益事业用地、乡镇企业用地等集体建设用地复垦为耕地，经土地行政主管部门严格验收后产生的建设用地指标。地票制度是统筹城乡发展的一项制度创新，是恪守农村土地制度改革“土地公有制性质不改变、耕地红线不突破、农民利益不受损”三条底线的审慎探索。自 2008 年重庆市实施地票制度以来，地票制度在耕地保护、城乡建设用地优化配置、农民权益保护等方面发挥了积极的作用，保障了城镇化进程中的用地需求，开辟了反哺“三农”的新渠道。地票就是将农村的建设用地复垦为耕地后形成的票据化的城市新增建设用地指标，是对城乡建设用地增减挂钩的拓展，也是对建设用地指标周转形式的创新。地票制度促进了城乡建设用地的空间置换，也能够更好地协调建设用地、耕地和生态用地即“红–黄–绿”对土地用途的空间竞争关系（图 5-3）。经过实践探索，地票制度运行程序得到了

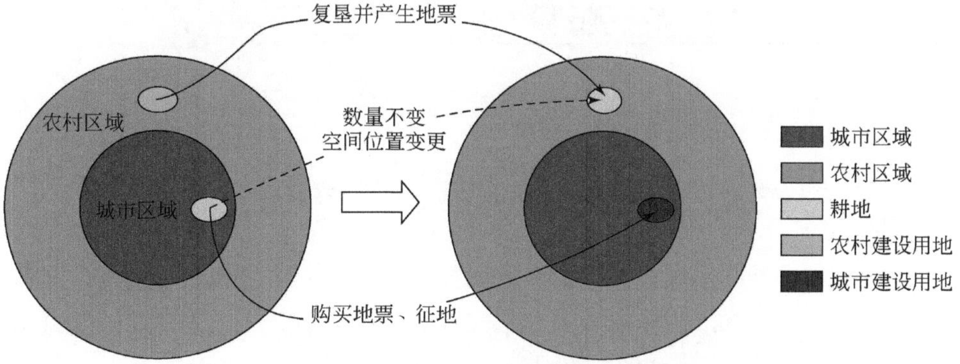

图 5-3　地票交易与空间转换协调“红–黄–绿”的关系

优化和规范，目前主要包括 4 个阶段，具体环节如图 5-4 所示。

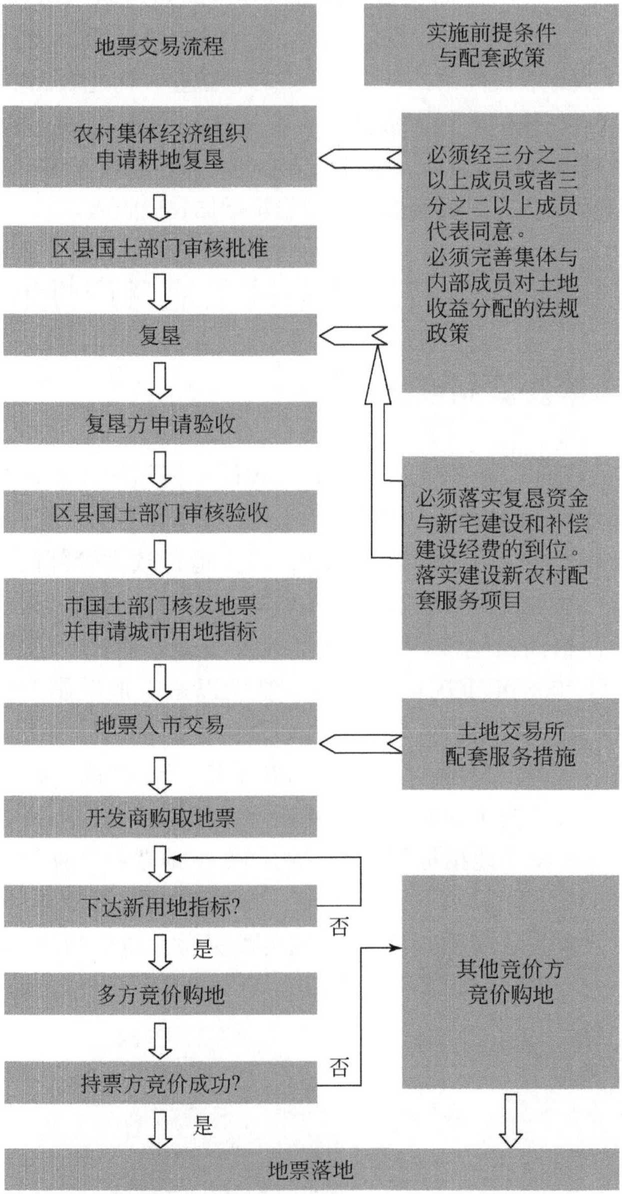

图 5-4　重庆地票交易流程图

（1）复垦阶段。农村建设用地复垦是地票生产的第一阶段，以相关规划和复垦整理规程为指导，拥有其他合法稳定住所及稳定生活来源的农户，经所在农村集体经济组织同意并提供房地产权证或其他权属证明后，可申请将自己的宅基地及附属设施用地进行复垦；经农村集体经济组织三分之二以上成员或者三分之二以上成员代表同意，在提供集体土地使用权证的情况下，农村集体经济组织可申请复垦农户宅基地及其附属设施用地以外的农村建设用地。申请复垦的建设用地为土地利用总体规划确定的扩展边界以外的建设用地。建设用地复垦为耕地包括前期测绘、编制实施方案、项目实施等环节。

(2) 验收阶段。复垦验收是地票生产的第二阶段，农村建设用地复垦完成后，由施工单位提交验收申请，区县国土资源行政主管部门会同同级农业、水利等相关部门，对农村建设用地复垦项目所有片块从复垦耕地的数量和质量两方面进行竣工验收，验收合格后发放合格证。确认新增耕地等农用地面积，在留足农村发展空间的基础上，确认腾出的建设用地指标，这些指标就是地票的来源。

(3) 交易阶段。区县将复垦形成的建设用地指标汇总到重庆农村土地交易所，申请地票指标交易，农村土地交易所审查区县提交的申请资料。重庆市政府在综合考虑土地复垦费用、耕地开垦费、新增建设用地有偿使用费等因素的基础上，制定地票交易基准价格。地票交易由农村土地交易所组织，交易向全社会公开，具有独立民事能力的自然人、法人或者其他组织均可参与购买。交易完成后向购得者发放地票证书，并结算成交均价，向区县国土资源主管部门核发成交通知书。

(4) 落地使用阶段。通过公开交易竞得地票的主体，选取符合城乡总体规划、土地利用总体规划等相关规划确定的待开发地块，向地方政府提出用地申请，然后由政府凭地票办理农用地征转用手续，由国土主管部门依据用地性质采用招标、拍卖、挂牌等方式出让建设用地使用权，使地票转为等量的城市建设用地指标，实现地票落地。竞得地票的主体竞得其选取地块的使用权，地票价格可以冲抵耕地开垦费和新增建设用地有偿使用费，未竞得该地块使用权，地票相应地转让给该地块的竞得者，并足额退还原地票竞得者的地票价款。

5.3.2 地票制度的功能

制度的功能是指制度对经济、社会发展所起的作用，通常包括激励功能和约束功能。关于对地票制度功能的认识是一个不断深入的过程，也是不断发现的过程。既具有最初创建地票制度的目标体现的功能，即地票制度的原生功能，也有在地票运行过程中体现出来的、超过预期制度目标的“多余收益”的体现，即地票制度运行和发展中体现出来的基本功能，还有在与其他制度相关联和耦合中，体现出来的地票制度的衍生功能，也就是延伸功能。上述原生功能、基本功能和延伸功能构成地票制度的功能体系如图 5-5 所示。

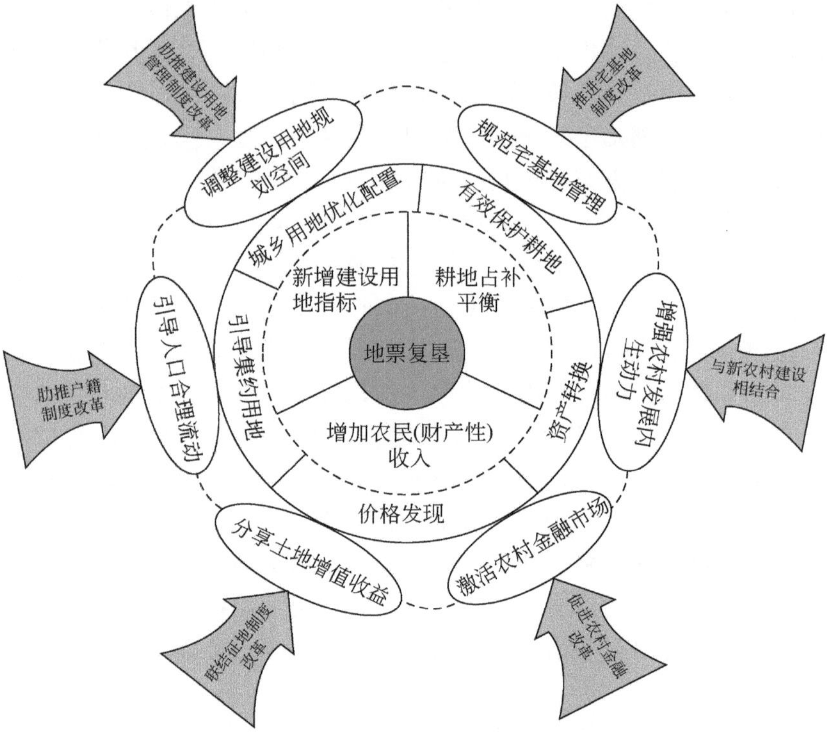

图 5-5　地票制度功能体系构架示意图

1. 地票制度原生功能

立足于地票制度设计的初衷及其内在含义，可将地票的这些初始功能称为地票制度原生功能，而与保障城镇建设用地需求相对应的是新增建设用地指标功能，与严格保护耕地相对应的是耕地占补平衡功能，与实现农民土地财产收益相对应的是增加农民（财产性）收入功能。这三项功能的组合运用正是地票最基本的一个“激励集”。

2. 地票制度基本功能

地票制度的基本功能是指地票制度本身运行过程中体现和发挥出来的对社会经济发展所起的作用，是地票制度为主体或独立发挥的作用。地票制度所体现的功能，已经由最初地票制度设计时的新增建设用地指标、耕地占补平衡和增加农民财产性收入，发展为耕地有效保护、资产转换、城乡建设用地优化配置、土地集约利用引导、价格发现等多个方面的功能（杨庆媛和鲁春阳，2011）。

地票交易制度是土地发展权转移交易的重要案例，也为城乡统一的建设用地市场建立奠定了良好的基础。通过“先造地后用地”模式盘活农村存量建设用地，不仅为城市建设腾挪用地空间，也为农村发展优化了空间，在统筹城乡发展中发挥了重要作用。在城市土地国有产权的制度框架下，通过“资产性地权”交易，以稀缺性的建设用地指标为交易对象，在集体资产价值获得实现的同时，实现了城乡建设用地实物资产的空间置换和产业的集聚，促进了城乡统一的建设用地市场建立，实现了集体建设用地价值，优化了要素配置的区域范围和要素的组合机制，在城乡土地市场中充分实现了非农土地级差收益，使之具有资产转换、价值发现等经济功能和福利性的社会功能，以及在推进建设用地市场化方面土地制度改革的制度创新功能。地票制度短期能增加农民收入，实现内需的拉动；中期能有效应对金融危机导致的流动过剩，实现国民经济平衡；长远来看，是实现城乡融合发展的有效途径之一。

3. 地票制度衍生功能

地票制度的原生功能是地票制度创建时即赋予的功能，是设计地票制度的初衷，从其对城乡建设用地增减挂钩政策改进与创新的实质来看，主要包括增加城镇建设用地、严格保护耕地、增加农民（财产性）收入三项功能。但作为现有社会经济制度结构中的一项制度安排，地票制度也与其他制度安排直接存在着关联性和依存性，并互相影响，互相促进。于是，地票制度在实现其原生功能的同时，与其他制度安排（如金融制度、户籍制度、征地制度等）产生耦合，即可衍生出制度设计阶段未预见到的潜在利益，发挥更多的作用，而这是在设计时确定的原生功能之外的功能，可称为地票制度的衍生功能。例如，地票制度对农户和集体经济组织实行价款保底，农户在地票形成过程中得到了复垦后耕地的承包经营权、复垦中参与施工的劳务收入和房屋残值三项收入，从而为农村非农经济发展提供了资金，可以促进新农村建设，为土地产权制度改革提供了制度储备和供给，具有“缩差共富”和促进农村产权制度改革的功能（黄美均，2012）。同时，地票交易中，复垦宅基地的农民家庭，大多是由农村流向城市的人口，地票制度加速并扩大了城镇对农村人口的吸收力度，推进农民落户进程，带动了户籍制度改革。

5.3.3　地票制度的利益主体及收益分配

1. 地票制度的利益主体

从地票的运行程序来看，整个过程的参与主体包括农民、农村集体经济组织、乡镇政府、区县国土资源主管部门、区县政府、市农村土地整治中心、市国土资源和房屋管理局、测绘及施工单位、农村土地交易所、地票竞得者等，而地票交易制度中，涉及的核心权益主体主要包括农民（农民个体和农村集体经济组织）、政府、地票竞得者三大主体。农民是地票复垦的主体，是地票的供给者；政府是地票交易规则的制定者和服务者，为地票制度的运行提供必要条件，保障地票交易市场公平公正、合理有序地进行；地票竞得者是地票受让人，是地票的需求者（慕卫东，2016）。

从地票制度形成过程来看，政府（重庆市政府）是整个制度变迁的主体，它通过政府提出改革方向、职能部门完善、科研院所负责制度设计等形式，推动了制度变迁。在地票制度运行过程中，也是政府根据地票市场的运行情况及时出台相关规定对地票制度进行完善。地票需求者和农民并不是这一制度变迁的主体，只是选择接受政府的制度安排来满足各自的利益。政府既是地票制度的供给者，也是地票制度的需求者，通过地票制度的创新，政府可以获得没有地票制度时得不到的利益。政府作为地票制度创新的主体具有较大的优势，因为任何一项制度的创新，包括地票制度的创新，都需要付出巨大的费用，由政府来进行制度创新能够节省制度创新的成本，缩短制度变迁的时滞，同时，政府进行制度创新获得的潜在利益，将属于全体参与主体所有，并不属于个别成员或集团成员所有。

目前，农民只参与了地票的生产环节，地票产生后委托政府在农村土地交易所进行交易。因此，农民与政府是委托-代理关系，农民人数众多但组织化程度低，单个农民面对庞大的科层体制是渺小的，在交易过程中处于弱势地位，无法对代理人进行有效监督，没有实质性的发言权，地票制度对农民来说是一种接受政府制度安排的行为，农民只能被动地选择相信政府的策略。地票竞得者与政府属于市场买卖关系，政府通过农村土地交易所平台发布地票出让的面积、底价、保证金等相关信息，地票竞买人通过了解相关信息后决定是否参与竞买，交易成功后，地票竞得者获得地块的选择权，可选择适合自身发展的地块。农民与地票竞得者两个主体不存在直接的交易关系，互相也无法了解对方的信息。在地票交易中，政府掌握着管理权力和最多的交易信息，是最强势的主体。地票制度中各权益主体的关系如图 5-6 所示。

2. 地票收益分配

重庆地票制度的收益分配政策经历了多次调整改进，以最大限度地保护农民权益。2010 年 9 月以前，地票收益分配大致分为三部分：第一部分用于复垦农户的房屋和地上构（附）着物补偿、购房补助等，约占地票收益的 40%；第二部分用于农村集体经济组织的补偿和复垦成本，约占收益的 30%；第三部分约 30% 的收益用于设立耕地保护基金和农村土地整治资金，留存在区县政府。这一

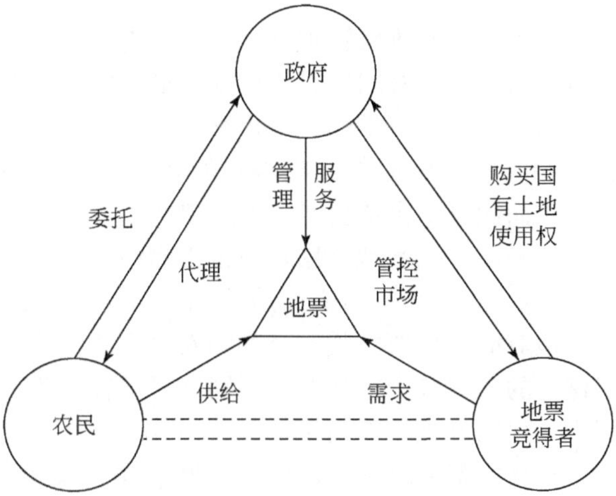

图5-6　地票制度的权益主体相互关系图

时期的收益分配主体和比例不一致、缺乏统一管理。2010年9月25日，重庆市国土资源和房屋管理局发布《关于规范地票价款使用促进农村集体建设用地复垦的指导意见（试行)》（渝国土房管〔2010〕384号），指出地票平均价款扣除复垦成本后，85%支付给退出宅基地的农户，平均费用不低于9.6万元/亩；15%支付给农村集体经济组织，平均费用不低于1.7万元/亩。同年12月，《关于完善地票价款分配的补充意见》（渝国土房管〔2010〕220号）指出按照渝国土房管〔2010〕384号文件的标准支付后，如果价款仍有剩余，按85∶15的比例再次分配给退出宅基地的农户和所在的集体经济组织。

2011年9月，《关于调整地票价款分配及拨付标准的通知》（渝国土房管〔2011〕170号）对地票价款拨付标准和再次分配进行了调整，即复垦农村宅基地及其附属设施用地的，地票平均价款扣除复垦成本后，农户与农村集体经济组织按照85∶15的比例进行分配，农户的分配标准提高到12万元/亩，农村集体经济组织分配标准提高到2.1万元/亩；复垦农村公共设施用地、公益事业用地的，扣除成本后的价款溢价全部分配给所在的农村集体经济组织，并且不低于14.1万元/亩；复垦乡镇企业用地，地票平均价款扣除复垦成本和集体建设用地使用权人应得的价款后，剩余价款全部分配给所在的农村集体经济组织。目前农村建设用地复垦的成本为3.7万元/亩，主要包括复垦工程成本1.5万元/亩、融资成本1.1万元/亩、管理成本1.1万元/亩（其中重庆市土地整治中心0.1万元/亩，区县、乡镇及村社1.0万元/亩）。农村集体经济组织所得收益分配主要用于农村土地整治、农村土地整治后期利用和管护、农村基础设施建设等公共事业。

2016 年 1 月 1 日，《重庆市地票管理办法》对地票收益分配作了最新规定，最显著的变化是针对农村宅基地及附属设施用地复垦设定了补偿面积的上限。规定农村宅基地及其附属设施用地复垦的，单户交易总面积未超过 1 亩的部分，地票净收益（地票价款扣除建设用地复垦成本）的 85% 归宅基地使用权人，15% 归农村集体经济组织；而超过 1 亩部分对应的地票净收益全部归农村集体经济组织所有。但单户复垦交易的，宅基地使用权证记载面积已超过 1 亩的，宅基地证载面积部分对应的地票收益的 85% 归宅基地使用权人，15% 归农村集体经济组织，但其附属设施用地对应的地票净收益全部归农村集体经济组织。宅基地及其附属设施用地面积核定的依据各个区县有所不同，时常存在争议，如彭水县、巫溪县按照宅基地面积与附属设施用地面积 1 : 1.5 的比例核定附属设施用地面积，潼南县规定参与地票交易的附属设施用地面积不得超过宅基地面积的 1.6 倍，而黔江区、永川区对附属设施用地面积的核定没有设定上限。因此，新规定的出台旨在解决宅基地和附属设施用地面积核定的依据问题。

5.3.4　地票复垦区农户收入情况调研

1. 调研区域概况

中渡村和海棠村分别是潼南区和长寿区重点建设的乡村，且中渡村是重庆市美丽乡村建设市级示范村，充分挖掘村内农村居民点的利用潜力，促进土地节约集约利用，整合配套资源、改善人居环境，对其他乡村具有较强的示范和带动作用。两村农地经营的规模化程度较高，居住地受耕作半径的制约较小，具有进行农村建设用地复垦的条件；加之，村域内常年在外的非农务工人数多，宅基地利用状况较粗放，具有农村建设用地复垦的潜力。因此，选取潼南区中渡村和长寿区海棠村进行宅基地复垦决策意愿的影响因素研究。

中渡村位于重庆市潼南区柏梓镇东南部，2014 年中渡村辖 10 个村民小组，总户数 944 户，总人口 3329 人，农业劳动力仅为 30%，约 70% 的劳动力从事非农产业，人均年收入为 9400 元左右。全村共有耕地 223 公顷，流转面积约 133 公顷，以种植业和养殖业为主，是柏梓镇重点打造的蔬菜产业基地。海棠村位于长寿区海棠镇东南部，2014 年海棠村辖 9 个农业合作社，总人口 5232 人。非农业劳动力约占 60%，人均年收入 8200 元左右。区内以传统的“粮猪型”经济结构为主，水田多种植有机稻和油菜，旱地实行小麦、玉米、红薯轮种，养殖业主要有生猪、小家禽、牛羊。

2. 问卷设计与数据来源

1）调研问卷设计

采用频数统计法对相关文献中影响农户意愿的因子进行了频数统计，选取频数达到 6 以上的因子，并综合考虑预调研结果和中渡村的实际情况，问卷最终选取 19 个因子作为调查农户意愿的影响因素。其中，农户的个人情况包括户主年龄和受教育程度；家庭情况包括家庭总人口数、非农务工人数、赡养老人数量、抚养小孩数量以及家庭非农收入；居住情况包括与集镇的时间距离、与最远耕地的时间距离、房屋结构、房屋层数、房屋修建年限、房屋数量、宅基地面积、宅基地周围道路情况、宅基地利用状况；政策了解情况包括农户政策意识、农户学习意识和农户行为意识。

2）数据来源

中渡村研究数据来自于 2014 年 12 月 2 ~4 日课题组对重庆市潼南区柏梓镇中渡村农户进行的问卷调查。调研采取一对一访问，对农户的个人情况、家庭情况、居住情况、政策了解情况及农户整治意愿情况及其原因等进行了调查。总共发放 253 份问卷，回收 253 份，回收率为 100%，剔除异常问卷，剩余有效问卷 239 份，有效率为 94.47%。

海棠村研究数据来自于 2014 年 9 月 2 ~4 日对重庆市长寿区海棠镇海棠村农户进行的问卷调查。调研采取一对一访问，对农户的个人情况、家庭情况、居住情况、政策了解情况及农户整治意愿情况及其原因等进行了调查。总共发放 181 份问卷，回收 181 份，回收率为 100%，剔除异常问卷，剩余有效问卷 172 份，有效率为 95.03%。

地票制度是“空心村”治理、新农村建设的重要抓手，也是显化农村土地财产价值、保障农民土地财产性收入的重要渠道。搭建城乡土地要素优化配置平台，将宅基地复垦节余的建设用地指标调剂到城镇，利用城乡、贫富地区间的土地级差地租，将土地出让增值收益全额返还复垦区域，保障农民土地财产性收入，提供农村建设资金，用于支持农业农村发展和改善农民生产生活条件。依据重庆农村土地交易所资料与重庆市金融工作办公室数据，截至 2016 年末，全市累计成交地票 19.95 万亩，合计 396.2 亿元。其中贫困区县成交地票 14.74 万亩，占比 73.9%。2016 全年，重庆市新发布地票交易公告 14 批次 2.5 万亩，结转 2015 年未成交指标 0.51 万亩，成交地票 2.66 万亩共 50.54 亿元，同比分别增长 26.9%、28.8%；继续坚持贫困区县和建卡贫困户“优先交易、优先拨款”地票政策，全部完成贫困区县提请的 1.67 万亩交易指标，全年向秀山、武隆等 17 个贫困区县拨付价款 43.91 亿元，占拨款总量的 86.3%，其中向 5500 个建卡贫困户优先拨付价款3.58亿元。通过地票交易，农户能一次性获得平均10万元左右的净收益，复垦形成的耕地归集体所有，仍交由农民耕种，每年也可以获得农地经营收益或农地流转收益。

3. 地票制度促进农民收入增值案例

地票制度促进农民增收体现为两类土地财产性收入：一类是地票作为建设用地指标出售所获收益，这是一种土地发展权转移收益；另一类是农村建设用地复垦还原为农地之后的流转收益。

1）地票制度促进农民财产性收入增加的案例

案例1　涪陵区马武镇外坝村4社，许付明，49岁，2012年参与宅基地复垦，复垦面积810平方米，所得地票价款145 800元。

案例2　涪陵区马武镇方碑村2社，高志私，48岁，2011年参与宅基地复垦。复垦后收入来源由务农变为在外务工为主，主要在工地上干活，每年可增加收入2万元左右。

案例3　涪陵区马武镇林口村5社，杨波，40岁，2011年参与宅基地复垦。复垦之前务工，复垦后从事自由职业，年收入较复垦前提高了1万元左右。

案例4　涪陵区马武镇文观村3社，卢永其，55岁，2011年参与宅基地复垦，得到价款190 000元，地票收益款全部用于购买新房、装修，最后还剩了2万元左右，存入银行。

案例5　江津区龙华镇燕坝巴渝新居工程，“十二五”期间，按照“政府主导、企业参与、市场运作、收支平衡”的原则进行建设，一期工程38栋348户已全部建成。实施农民“宅基地换房”整村推进新农村建设，农民通过实施宅基地复垦、向上争取资金等方式合理控制销售价格，降低农民购房成本。村民搬到巴渝新居后，对原宅基地进行复垦，将复垦得到的农村建设用地指标进行地票交易，所获收益可作为购房资金。

2）地票制度促进土地流转实现农民土地财产性收入的案例

地票制度的实施，将闲置、废弃的宅基地进行复垦新增耕地面积，在建设用地布局优化的同时，耕地更加集中连片，有利于促进农业用地的规模化、集约化利用，为现代农业发展提供良好用地条件。一些区域通过引入农业企业、农业大户或本村村民的土地流转，村社成立农业合作社农民以土地入股分红以及经营耕种等方式，实现复垦地块有效利用的同时，促进了农民财产性收入的增加。

案例6　涪陵区马武镇白果村2社，2010～2012年该社参与宅基地复垦75户，由于社内地形条件及新增耕地的耕作条件较好、交通便利，吸引了汇才公司流转土地，种植经济果树，流转价格为450元/亩。

案例 7　涪陵区马武镇浦江村，2010～2012 年该村复垦土地流转的有 31 户，由于宅基地复垦促进了部分农户的生计转变，由务农转变为务工，土地流转可为农户每年带来财产性收入 5000 元/亩。

5.3.5　地票复垦收入对农户生计的影响

重庆市地票生产复垦农村建设用地涉及面广，除了渝中区等少数区县外，绝大多数区县都参与了农村建设用地复垦。建设用地复垦不仅仅是一项工程措施，更重要的是复垦生产地票这项制度对复垦区的人口流向、就业、收入、农户的居住生活等产生显著影响。对涉及复垦农户人口流向、收入及后续生计等情况进行了统计分析，但仅对部分区域农户进行调查，尚不足以从整体上进行系统性的认识。为此，选取具有代表性和典型性的复垦样区，开展实证调查，以便客观反映地票制度功能对复垦区经济社会和农户生计的影响，总结经验教训，揭示复垦区地票制度运行可能存在的风险和问题。

1. 研究区域选择

为尽可能反映重庆市的整体状况，样本区域的选择既有位于缓丘平坝为主、经济较发达的主城区周边区县，也有山区为主、经济相对落后的渝东北和渝东南地区的区县；且都是近些年来开展过农村集体建设用地复垦工作的区县，参与地票收益分配的农户集中，可供选择的调查样本数量多。同时，选取的乡镇和农村集体经济组织，能够代表性地反映该区县地票制度实施带来的影响。由此确定了重庆市涪陵区、黔江区、彭水县、云阳县、石柱县、永川区、合川区、巴南区、潼南区和潼南区的 17 个乡镇 42 个村作为调研区域。调查工作始于 2014 年 7 月，2015 年、2016 年又进行了一定数量的补充调查，2017 年对部分村社的农户进行了电话访谈等补充调研。调研区域分布见表 5-2。

表 5-2　地票延伸功能调研情况统计表

区县	乡镇	村	村干部调查问卷数量（份）	农户问卷数量（份）
涪陵区	马武镇	民协村	2	14
		均田村	2	11
		保安村	2	9
		红砖村	2	9
		外坝村	2	10

续表

区县	乡镇	村	村干部调查问卷数量（份）	农户问卷数量（份）
涪陵区	马武镇	平桥村	2	10
		浦江村	2	9
		碑记村	2	10
		白果村	2	10
		石干村	2	10
		小坝村	2	10
		林口村	2	10
		惠民村	2	10
		文观村	2	10
		板桥村	2	7
		方碑村	2	10
		兴隆村	2	9
		石朝门村	2	8
巴南区	龙洲湾街道	沿河村	1	2
铜梁区	太平镇	万寿村	1	8
黔江区	沙坝乡	十字村	5	20
	五里乡	胡家坝村	3	17
	阿蓬江镇	大坪村	4	21
彭水县	新田乡	马峰村	1	15
		庹家村	4	12
		石龙村	3	13
	润溪乡	干溪村	3	14
	靛水乡	新田坡村	5	11
永川区	南大街镇	谭家坝村	3	16
		兴隆村	3	16
	红炉镇	红庆村	4	19
	仙龙乡	金宝山村	1	18
潼南县	崇龛镇	张坂村	11	41
石柱县	临溪镇	高建居委会	5	23
		民主村	4	14
	王家乡	密园村	3	12
		五岭村	1	11

续表

区县	乡镇	村	村干部调查问卷数量（份）	农户问卷数量（份）
云阳县	凤鸣镇	锦屏村	3	15
		玉带村	4	17
	南溪镇	桂溪村	2	21
		卫星村	3	19
		富家村	3	18
合计	—	—	106	569

对样本区域以问卷和访谈的方式开展调研，问卷主要包括三个方面：农户调查问卷、集体经济组织负责人调查问卷、政府部门及相关单位访谈问卷及调查表。

农户调查问卷主要包括：①年龄、受教育程度、农业收入、有无务工、务工时间、务工地点、务工收入、承包地和宅基地等农户基本情况信息；②宅基地复垦情况、地票对家庭的影响、地票收益分配状况。

集体经济组织负责人调查问卷主要包括：村宅基地复垦面积；地票交易面积；复垦项目的资金来源；宅基地复垦工程成本；村宅基地复垦管理成本；村宅基地复垦融资成本；地票收益来源调查；地票收益分配状况调查；地票收益的使用方向；地票收益分配存在的问题；地票收益分配政策的满意度调查。

2. 市域层面转户退地农户总体情况

根据《重庆市人民政府办公厅关于印发重庆市户籍制度改革农村土地退出与利用办法（试运）的通知》，截至 2016 年 10 月底，全市共有 127 900 户、55 995. 43 亩宅基地及附属设施用地退出。全市批准转户退地的数量体现出明显的区域差异，退出土地可复垦的比例差别也较大。从全市批准转户、退地及可复垦面积情况来看，渝东北地区所在比重最大，都市区及腹地次之，渝东南地区最少（表 5-3）。

表 5-3　全市转户退地批准退出情况表

区域	批准退出情况					
	户数	面积（亩）	可复垦情况		暂不能复垦情况	
			面积（亩）	占批准退出比例（%）	面积（亩）	占批准退出比例（%）
都市区及腹地	29 377	11 487. 21	10 077. 79	87. 73	1 409. 42	12. 27
渝东北地区	80 061	34 554. 08	30 999. 80	89. 71	3 554. 28	10. 29

续表

区域	批准退出情况					
	户数	面积（亩）	可复垦情况		暂不能复垦情况	
			面积（亩）	占批准退出比例（%）	面积（亩）	占批准退出比例（%）
渝东南地区	18 462	9 954. 14	9 946. 13	99. 92	8. 01	0. 08
全市	127 900	55 995. 43	51 023. 72	91. 12	4 971. 71	8. 88

资料来源：重庆市农村土地交易所

退出的宅基地及其附属设施用地，主要通过地票交易方式变现，实现其财产价值。全市已批准退出且可以复垦的 51 023. 72 亩宅基地及其附属设施用地中，完成验收 31 243. 5 亩（占比 61. 23%），完成地票交易 23 137. 46 亩（占比 45. 35%）、407 488. 34 万元；已批准退出但暂不能复垦的 4971. 71 亩宅基地中，仅有 394. 47 亩（占比 7. 93%）得以盘活利用，其中调整为可复垦情况后完成验收 349. 55 亩，完成地票交易 324. 53 亩共 6305. 84 万元，另有 44. 82 亩通过民宿、房屋置换等其他方式得以利用（表 5-4）。

表 5-4　全市转户退地的利用情况表

区域	可复垦情况			已调整为可复垦情况			其他方式
	复垦验收面积（亩）	地票交易面积（亩）	交易价款（万元）	复垦验收面积（亩）	地票交易面积（亩）	地票交易价款（万元）	民宿、房屋置换等方式（亩）
都市区及腹地	4 223. 52	2 572. 69	39 745. 37	62. 02	37	699	42
渝东北地区	17 599. 17	11 284. 57	190 063. 45	287. 53	287. 53	5 606. 84	1. 17
渝东南地区	9 420. 82	9 280. 2	177 679. 52	0	0	0	1. 65
全市	31 243. 51	23 137. 46	407 488. 34	349. 55	324. 53	6 305. 84	44. 82

资料来源：重庆市农村土地交易所

3. 地票制度功能对样本区的影响

地票制度的功能对区域发展的影响主要体现在如下方面。

1）农民合法权益得到切实保障和进一步显化

在相关地票补偿标准文件正式出台之前，样本区率先实施地票复垦的部分地区根据实际情况，参照地方房屋拆迁和征地补偿标准执行了地票收益分配。但在征地补偿中，直接支付给被征地人的只有安置补助费和青苗费，补偿标准通常还要考虑原有用途年产值因素、土地区位、供求关系、经济社会发展水平等各类因素，对住房和地上构（附）着物的补偿则要求遵循市场原则。由于指向的不确定性，农民的合法权益不能得到有效保障。但在相关政策规定出台之后，各样区严格按照政策标准执行地票收益分配。尤其是在《关于调整地票价款分配及拨付标准的通知》颁布之后，各样区的地票收益分配均按农户12万元/亩、农村集体经济组织2.1万元/亩的标准严格执行，且全部样区均实行“认地不认房”，即地票收益按宅基地面积计算，不考虑房屋质量。同时，调研发现，石柱县还对2009年复垦的宅基地按照《关于调整地票价款分配及拨付标准的通知》的标准进行了收益补发。同时，随着宅基地面积、权属等相关信息台账的建设，样本区已全部完成农村土地、房屋确权颁证工作，为公开公正显化农民合法权益提供了保障。

2）让农村集体经济组织的活力得以释放

长期以来，由于农村集体经济困难，农村集体经济组织十分薄弱。而通过地票，农村集体经济组织获得了资金和用地指标，令农村集体经济组织的活力得以重新释放。在地票收益“村用镇管县监督”的模式下，集体经济组织的地票收益归村集体所有，地票收益暂由乡镇政府管理，区县土地整治中心对地票收益使用情况进行监管，集体经济组织则将收益用于本村的新农村建设。在渝东北和渝东南片区，农村基础设施建设较为落后，集体建设用地复垦多与户籍改革、高山移民工程、新农村建设等项目并行。例如，云阳县将地票收益使用方向和新农村规划相结合，按照成本核算让已经复垦的农民入住，入住标准为农户家庭≤3人的居住100平方米房屋，农户家庭等于4人的居住120平方米房屋，农户家庭≥5人的居住150平方米房屋。调研发现，集体经济组织对地票政策较为熟悉，92%的集体经济组织对现行的地票收益分配制度感到较为满意。尤其是渝东南地区的集体经济组织，开展地票复垦的愿望较为强烈，积极性较高。

案例1　涪陵区马武镇文观村5社，郭昌敏，60岁，2012年参与复垦。他表示对涉及集体组织的地票补贴收益比较了解，指出集体基本上将这部分款项用于村内基础设施建设，并且由村干部、村民代表对此进行监督。

案例2　涪陵区马武镇板桥村4社，夏忠福，44岁，2011年参与复垦。该农户表示地票价款自己分得12万元/亩，集体分得2.38万元/亩，集体价款分两部分，一部分用于村上基础设施建设，另一部分用于部分社的基础设施建设。

案例3　涪陵区马武镇石朝门村2社，黄国明，54岁，2012年参与宅基地复垦。他指出涉及集体组织的地票补贴收益，基本都是用于村内基础设施建设、改善村内环境，由村干部、村民代表监督。

3）加速了农村人口流动及就业转移

虽然多数农户对宅基地的认识较为“传统”，认为宅基地是“祖传”“私有”的，但由于投亲靠友、新村建房、城镇购房、异地搬迁等原因，相当数量的宅基地处于闲置、废弃、低效利用状态。而地票制度为这部分农村建设用地的复垦再利用提供了契机。对农户而言，与其闲置废弃，不如通过地票复垦获得实惠。调研发现，一个家庭中从事非农就业人口较多和非农收入比重较高的农户更易于接受地票复垦政策，而地票复垦收益也在一定程度上增加了这部分农户的财富积累，加速其人口流动和就业转移。调查统计显示，样本农户中，有380户农户有家庭成员长期在外务工，仅有3户复垦农户家庭无人在外务工。其中，家庭中两人以上长期在外务工的占61.1%（表5-5）。地票复垦后，经济条件好的农户选择城镇购房，举家搬到城里；多数则在新村按规划另起新宅。在渝东南，农村外出务工者多，劳动力流失严重，农户宅基地大量闲置，是地票输出地。通过结合高山移民和新农村建设，在黔江区阿蓬江镇大坪村，一组78户、275人，已全部搬迁至距阿蓬江集镇13千米处的曹家河农民新村，原宅基地31.73亩全部复垦，并参与地票交易。在彭水县新田乡庹家村，调研发现，96%的农户有复垦意愿。在渝西地区，经济条件和区位环境较好，永川区和潼南县的地方政府表示，农村劳动力转移与地票生产相互激励，每年生产的地票均能超额完成上级下达的地票交易任务。

案例4　涪陵区马武镇惠民村7社，向明芳，44岁，2012年参与宅基地复垦。复垦后转为非农户口，外出务工。

案例5 涪陵区马武镇方碑村6社，何守国，63岁，2011年参与宅基地复垦，复垦后转为非农户口，进城务工。

案例6　巴南区龙洲湾街道沿河村复垦。该村农户于2011年参与宅基地复垦，部分村民进城与子女合住，并转为非农户口，由政府负责为其购买养老保险，可享受500～900元/月的补助。

案例7　铜梁区太平镇万寿村复垦。该村8户农户于2012年参与宅基地复垦，复垦后均转为非农户口，大部分选择在城市或集镇购房，进入城市或集镇生活。

案例8　涪陵区马武镇浦江村1社，舒少林，52岁，2011年参与宅基地复垦。复垦之前务农，复垦后农忙务农，农闲务工，收入较复垦之前多1万～2万/年。他认为，复垦后的工作状态一定程度上可改变靠天吃饭的局面。

案例9　涪陵区马武镇碑记村6社，吴银昌，54岁，2011年参与宅基地复垦。复垦前在家务农，复垦后外出务工，每年约增加收入2万元。

4）增强了农户家庭收入增长后劲

限于户均农村建设用地复垦规模，对于农户而言，一次因地票复垦而获得的收益并不能对其生活有实质性的改观。重庆市2015年农村户籍人口1980.82万人，农村居民点用地面积349 033.53公顷，人均居民点面积176.21平方米，按户均三人计，每户居民点用地面积不足 1 亩，参与地票复垦的农户获得的补偿约为每户 12 万。实际复垦中农户所得的收益更少，远低于按照全市人均居民点水平估算的收益。调研统计的数据显示，383 户复垦农户平均收益约为 3.49 万元，其中地票收益超过 12 万元的仅 10 户，收益在 10 万元以上的不到 20 户，而绝大多数农户的收益水平在 5 万元以下。例如，云阳县富家村复垦共涉及农户 98 户，新增耕地面积 16.79 亩，共补偿农户 161.32 万元，户均获得补偿不到 2 万元。可见，农户的地票收益分配所得不可能让其生活发生实质性改观，也不可能仅凭地票收入进城购房。但进一步分析发现，样本农户中，252 户参与复垦的原因是房屋长期闲置、处于废弃状态，占调查农户总数的 65.80%；且复垦宅基地中，以土木结构住房为主的农户达 275 户，占调查农户总数的 71.80%。可见，复垦农户之所以仍然对收益分配感到满意，主要原因是目前复垦的宅基地绝大多数是农户长期闲置的住房，且住房年代较久，结构简易。而从参与地票复垦农户的外出务工收入来看，93.47% 的复垦农户务工收入超过了务农收入，其中务工年收入 4 万元以上的 33 户，占调查样本总数的 8.62%；务工收入 2 万 ~4 万元的 237 户，占调查样本总数的 61.88%，务工收入 2 万元以下的 113 户，占调查样本总数的 29.5%（表 5-5）。对比不难发现，复垦户一次性地票收益相当于大多数农户外出务工 2 年左右的收入，而这无疑有益于增加农户财富积累和家庭发展后劲。

表 5-5　样本区复垦农户非农就业与收入情况表

项目	类别	户数（户）	占调查样本的比例（%）
外出务工人数	2 人以上外出务工	234	61.10
	1 人外出务工	146	38.12
	无人外出务工	3	0.78
外出务工收入	务工收入高于农业收入的比例	358	93.47
	务工收入 4 万元以上	33	8.62
	2 万 ~4 万元	237	61.88
	2 万元以下	113	29.5

案例 10　涪陵区马武镇外坝村 4 社，许付明，49 岁，2012 年参与宅基地复垦，复垦面积 810 平方米，所得地票价款 145 800 元。

案例 11　涪陵区马武镇方碑村 2 社，高志私，48 岁，2011 年参与宅基地复垦。复垦后收入来源由务农变为在外务工为主，主要在工地上干活，每年可增加收入 2 万元左右。

案例 12　涪陵区马武镇林口村 5 社，杨波，40 岁，2011 年参与宅基地复垦。复垦之前务工，复垦后从事自由职业，年收入较复垦前提高了 1 万元左右。

案例 13　涪陵区马武镇文观村 3 社，卢永其，55 岁，2011 年参与宅基地复垦，得到价款 190 000 元，地票收益款全部用于购买新房、装修，最后还剩 2 万元左右存入银行。

5.3.6　完善地票制度促进农民土地财产性收入增长的对策建议

地票制度的主要功能是增加农民收入，反哺“三农”，但在地票制度设立和变迁的过程中，政府一直占据着主导地位，农民缺乏话语权，利益表达渠道缺失。虽然相关办法和规章的出台公开征求社会意见，但一方面出于费用和成本的考虑，意见征求有限，另一方面农村信息网络体系相对落后，大部分农民不会通过网络表达自己的利益诉求。习近平总书记在中央全面深化改革领导小组第七次会议上强调，“改革开放在认识和实践上的每一次突破和发展，无不来自人民群众的实践和智慧，要鼓励地方、基层、群众解放思想、积极探索，……推动顶层设计和基层探索良性互动、有机结合”。在地票制度变迁过程中，农民应作为制度变迁的主体之一。现阶段地票交易中农民和政府是“委托–代理”关系，政府的利益很可能与农民的利益发生冲突，政府处于强势地位，容易侵害农民权益。因此，应加强地票政策的宣传，提高政策透明度，让农民充分了解地票制度，应深入基层进行详细的调查研究，了解农村农民的制度需求，赋予农民参与权和监督权，完善农民的利益诉求机制。农民的参与度越高，地票制度才能更好地保证农民的合法权益。

1. 根据地票权能构成确定权益分配比例

按照地票涉及的农村建设用地所有权、使用权及土地发展权等产权的变化及其价值确定地票收益分配的比例。具体而言，对农村集体建设用地所有者分配所有权变更的权益收入，对农户分配集体建设用地使用权变更的权益收入，土地发展权变更的权益收归集体经济组织所有。坚持效率与公平兼顾的原则确定具体的分配办法。例如，按照一定时间段确定地票中土地使用者的收益标准，使用者收益之外的收入归集体经济组织所有，专项用于农村基础设施或者农民新村建设。用地票基准价格确定农户收入，一方面可以确保农民受益，另一方面可以减轻因地票交易价格波动引起的补偿金额波动，从而消除农户因补偿标准差异造成的不公平感。将超过地票基准价格一定幅度之外的收入归集体经济组织所有，一方面确保了农户收入的相对稳定，另一方面也体现了地票收益对土地发展权权能的实现，也实现了地票收入全部用于“三农”的原则。

2. 降低地票复垦与融资费用

地票复垦与融资成本过高造成了对地票收益主体利益的影响。因此，降低地票复垦与融资成本，使地票收益主体利益最大是完善地票收益分配的有效方式。

可以从两个方面降低复垦成本：一是降低复垦工程成本。可以从工程中的材料与人工两方面的成本考虑。材料方面，在复垦项目规划设计中强调旧物充分利用，将拆除房屋的建筑材料充分用于复垦工程建造，鼓励因地制宜就地取材。人工方面，鼓励参与复垦的集体经济组织成员参与复垦工程施工，尽量扩大当地农户的经济收入；鼓励地票生产农户自行复垦，为自行复垦的农户提供技术支持，为其说明复垦设计与施工要求，并将复垦的工程费用直接发给农户。二是降低复垦管理成本。造成复垦管理成本过高的原因是市、区县、乡镇多个部门参与了复垦管理，并从中支取了管理费用。建议将地票管理费用由地方政府纳入财政支出，统一支付。

地票的生产是由地方政府组织，完成土地复垦并经国土资源和房屋管理局验收合格之后才能进入农村土地交易所交易。因此，地票的生产过程中必然会有政府融资操作。造成融资成本较高的原因是地票的生产周期过长，因此，降低地票融资成本的有效方式是规范地票生产过程，简化地票生产程序，缩短地票生产周期，并鼓励金融机构对地票融资优惠贷款。

3. 科学确定地票基准价格

基准地价是土地的使用权区域平均价格，是地价总体水平和变化趋势的反映。合理的地票基准价是确保农户在地票交易中获取基础收益的依据，科学确定地票基准价格是完善地票收益分配的起点。有研究提出因地票中农村集体经济组织复垦地块的土地发展权已经转让，因此应根据农村土地发展权价值在市场中得到实现的要求，测算农村土地发展权补偿价格，即将地票生产价格加上农村土地发展权补偿价格。但由于土地发展权价格由土地利用规划、土地区位、土地用途、土地利用强度等多个因素共同作用，测算方法较为复杂，在具体操作过程中实现较为困难。因此，建议参考城镇建设用地估价理论与方法，加紧建立地票基准价格体系，充分显化地票所包含的资源与资产价值。

4. 规范地票复垦面积认定

各区县针对第二次土地利用变更调查测量的农村建设用地面积与 1：500 实测面积差异较大的现象出台了一些地方规定以统一地区地票复垦的面积认定，造成地区间的地票复垦面积核定标准不统一。应该结合土地利用现状调查成果和规范，制订用于农村居民点面积测量认可的技术规程，规范农村宅基地及其附属设施用地的面积认定方法，统一指导各区县认定复垦建设用地面积。

5. 合理调控地票交易价格

第一，消除打包方式对地票交易价格的影响。若地票规模过大，则会将地票需求规模小的竞买者排除在外，造成大宗地票的竞买者减少，从而使大宗地票成交单价较低；而地票规模较小，则会有较多的需求者参与竞买，从而提高小宗地票的成交单价。因此应规范打包方式，尽量消除打包规模对地票价格的影响：一要严格规范地票“打包”规模，防止地票“打包”规模过大；二要根据不同层次用地者的购买需求，制定不同的地票“打包”规模；三是加强地票“打包”监督，力求地票拍卖中体现地票的真实价格。

第二，建立地票二级市场，完善地票市场体系。为了减少交易过程对地票价格的影响，有必要建立地票二级市场，完善地票市场体系，消除地票交易方式对地票价格造成的影响。为避免地票二级市场的过度炒作，必须严格监管地票二级市场交易。例如，严格限定地票二级市场的转让条件，参与地票二级市场交易的持有者必须是未能拿到经营性用地的土地竞买者；严格限定地票落地的时间，对超过两年未能落地的地票取消其交易资格。

6. 规范地票收益分配管理

地票作为建设用地计划指标的市场化配置方式，不同于一般意义上的商品流通，而是具有准公共产品性质的商品。地票收益分配过程中必须由政府进行主导，确保各分配主体的利益。但地方政府在地票交易中的主导作用使其对地票价格产生直接影响，从而影响地票收益分配。因此，地票交易中，应有效规范政府行为，为地票收益分配提供制度支撑。建议完善相关制度规范，规范地方政府作为交易市场及分配过程的监管者的角色，规定其主要的职责应是制定收益分配规则，在保证效率的同时，维护社会公平，使地票交易相关利益人的利益得到保障。

第6章　集体经营性建设用地入市的财产收益实现

6.1　农村集体经营性建设用地的定义

经营性用地泛指一切经营活动所使用的土地，其区别于非经营性用地的最大特征是，经营性用地具备通过市场竞争形成价格的条件。例如，《招标拍卖挂牌出让国有建设用地使用权规定》（国土资源部39号令）中规定，工业、商业、旅游、娱乐、商品住宅等用地必须以招标、拍卖、挂牌方式供应，是典型的经营性用地。相应地，交通、能源、水利等通过非市场竞争价格供应的土地，即为非经营性建设用地。

近年来，国家开展了集体经营性建设用地入市改革试点，参与试点的33个区县都制定了试点方案，总结各地农村集体经营性建设用地改革试点的相关文件，对农村集体经营性建设用地认定主要有以下三种表达方式。

（1）存量农村集体建设用地中，土地利用总体规划和城乡规划确定为工矿仓储、商服等经营性用途的土地。土地利用现状地类依据2014年度土地变更调查成果进行确定。采用该表述方式的区县主要有北京大兴、甘肃陇南、重庆大足、广东南海、山西泽州、辽宁海城、吉林九台、黑龙江安达、上海松江、河南长垣、四川郫都、海南文昌等。

（2）依据最新土地变更调查成果，土地利用总体规划认定的存量农村集体建设用地中，城乡规划确定为经营性用途的土地。采用该表述方式的主要是贵州湄潭。

（3）2014年度土地变更调查结果中地类现状为农村集体建设用地，且土地利用总体规划和城乡规划确定为工矿仓储、商服、旅游等经营性用途的土地。采用该表达方式的试点区县主要包括广西北流、浙江德清等。与表述方式（1）相比，增加了旅游用途。

可见，在各地对集体经营性建设用地的界定和认定中，将集体建设用地流转的客体明确限定在经营性用地范围，而且除了用途类型限定外，还考虑了现状特性，即存量的集体建设用地。

6.2 集体经营性建设用地入市模式比较

2008年《中共中央关于推进农村改革发展若干重大问题的决定》提出，“对依法取得的农村集体经营性建设用地，必须通过统一有形的土地市场、以公开规范的方式转让土地使用权”。2013年十八届三中全会《中共中央关于全面深化改革若干重大问题的决定》提出，“允许农村集体经营性建设用地出让、租赁、入股”，拥有与国有建设用地同等入市的权利。2014年，中共中央办公厅、国务院出台了《关于农村土地征收、集体经营性建设用地入市、宅基地制度改革试点工作的意见》，明确了集体经营性建设用地的性质，即存量农村集体建设用地中土地利用总体规划和城乡规划确定为工矿仓储、商服等经营性用途的土地。在实际使用中集体经营性建设用地大多为乡镇企业用地。如果说在城乡建设用地增减挂钩制度框架下的集体建设用地流转始终含有置换的概念，即农村集体建设用地流转的意义在于为城镇增加发展空间，那么集体经营性建设用地入市则彻底打破了城乡之间空间置换的概念，将农村集体建设用地市场与国有建设用地市场等同起来，探索二者“同地、同权、同价”的交易模式。

6.2.1 集体建设用地自主探索模式比较

集体建设用地入市与流转并不是一个新鲜话题，早在10多年前，就有多个地方开展了实践探索，可谓是“各摸各的石头，各过各的河”。目前，全国已经开展的集体建设用地流转的实践，取得了不少经验，也有多个地方制定了集体建设用地流转管理暂行办法，在实践中探索形成了各有特色的流转方式，理论界也对其进行了总结，归纳为多种模式，其中广东南海、杭州、苏州、芜湖、绍兴等地已经形成了具有代表性的流转模式（表6-1）。

表6-1 农村集体建设用地流转（入市）自主探索主要模式概览

模式名称	主要做法	流转方式	收益分配
广东南海模式	①按照农田保护区、经济发展区、商住区“三区”分区规划；②将集体财产和农民的土地承包权折价入股；③集体经营土地，不经营企业	出让、出租、转让、转租和抵押	土地非农化级差收益由集体保留，农民以股权参与分享。51%作为集体发展基金和福利基金，49%作为农民分红
杭州模式	由乡镇政府或村民委员会与用地单位签订流转协议，将村集体企业用地建成标准厂房出租	农村集体企业用地入股	流转收益部分用于农户社会保障，部分作为发展基金，其余分配给农户个体

续表

模式名称	主要做法	流转方式	收益分配
苏州模式	以乡镇企业集体建设用地使用权流转为主，成立“集体土地资产经营公司”，负责集体土地资产的经营、管理和收益分配	以出租为主，转让为辅	市、县、镇三级政府 30%（市级政府 1.5 元/米^2，县和镇 3∶7 分成），集体经济组织和农户 70%
芜湖模式	由乡镇土地发展中心同农村集体签订流转合同，将转入的建设用地进行前期开发，按照“三集中”原则，出让或者租赁给用地者	乡镇政府建立工业小区进行流转	县区、乡镇及集体经济组织的土地流转收益分成比例为 1∶4∶5
绍兴模式	乡镇政府和村集体借助企业“开发运营”村集体经营性用地，帮助开发公共设施。开发完成后，企业获得 20% 的经营性用地一定年期使用权	农村集体经营性用地招商引资	流转收益原则上 3∶7 分成，30% 分配给乡镇政府，70% 留在集体经济组织
宁波模式	国家征收农村集体土地，按实际征收土地面积的一定比例，安排给被征地农村集体用于发展生产的建设用地	征地留用地自主经营、租赁、合作开发	收益在集体经济组织和成员之间分配
厦门模式	征地留用地用于建设厂房、出租公寓、商业和办公酒店等持有型物业，进行整体经营	征地留用地招商引资或集中开发	集体及农户获得经营收益
上海模式	①回收农村集体建设用地进行场地平整，对外进行公开出让；②将原有建设用地回收、复垦，腾出的指标公开出让，或在本镇范围内其他地方落地，或对外进行流转	①集体建设用地使用权直接入市；②集体建设用地指标入市	流转收益主要由集体经济组织获得
成都模式	①在市域内，以增减挂钩方式进行集体建设用地指标流转；②依法取得的农村集体建设用地直接流转；③远离城镇的山区农民将依法取得的宅基地通过房屋联建、出租等方式进行集体建设用地流转	建设用地指标流转；宅基地联建、出租等	流转收益由集体经济组织和农户获得
重庆模式	将农村闲置建设用地复垦腾出的建设用地指标公开竞售，指标可在全市域范围城镇区域落地	集体建设用地指标流转	集体经济组织与农户按照 85∶15 的比例分配交易收益

表 6-1 中的 10 种模式综合起来可以分为四类：①乡镇企业用地再开发流转模式。主要代表模式为广东南海模式、杭州模式、绍兴模式、苏州模式和芜湖模式。此模式通过将原有农村集体经营性建设用地出让、出租、入股等方式，在实

现对存量集体经营性建设用地盘活的同时，以土地利用方式转变推动乡村经济转型。②征地留用地开发流转模式。主要包括厦门模式、宁波模式等。此模式是对规划为农村集体经营性建设用地的配置方式，着重体现在工业化和城镇化进程中，农民和集体经济组织通过出租、出让等方式交易经营性土地权益实现对土地增值收益的分享。③建设用地指标流转模式。以重庆地票交易模式为代表，农民和农村集体经济组织通过出售建设用地指标实现土地财产性收入。④混合模式，即既有财产性权益的指标流转，又有经营性权益的实物流转。例如，上海模式和成都模式，其中所不同的是上海模式的指标流转流向镇域范围外的农村区域，以及建设用地指标流转到镇域范围外落地使用；成都模式的增减挂钩指标流转其流入地是城镇，体现的是城乡之间的建设用地空间置换。

6.2.2 授权试点的主要做法

2014 年 12 月 31 日中共中央办公厅、国务院办公厅印发《关于农村土地征收、集体经营建设用地入市、宅基地制度改革试点工作的意见》，决定在全国选取 33 个县级行政区进行试点。2015 年 2 月，十二届全国人大常委会第 13 次会议通过了《关于授权国务院在北京市大兴区等 33 个试点县（市、区）行政区域暂时调整有关法律的决定》；随后《关于农村土地征收、集体经营性建设用地入市、宅基地制度改革试点工作的意见》也相继出台。2015 年 11 月初，中共中央办公厅、国务院办公厅印发的《深化农村改革综合性实施方案》中提出，“允许土地利用总体规划和城乡规划确定为工矿仓储、商服等经营性用途的存量农村集体建设用地，与国有建设用地享有同等权利，在符合规划、用途管制和依法取得的前提下，可以出让、租赁、入股，完善入市交易规则、服务监管制度和土地增值收益的合理分配机制”。政策试点在考虑区域经济、社会发展差异的基础上，兼顾公平合理，按照“政府重视程度高、各类规划做得细、农村集体经济组织发展好”的原则（李文洁，2016），共选取 33 个县（市、区），全国均有分布。其中，浙江省、四川省各有 2 个试点县（市、区）(表 6-2)。

表 6-2 全国农村集体经营性建设用地入市 33 个试点县（市、区）一览表

项目	东部	东北部	中部	西部
县（市、区）	北京市大兴区、天津市蓟县、河北省定州市、上海市松江区、江苏省常州市武进区、浙江省义乌市、浙江省德清县、福建省晋江市、山东省禹城市、广东省佛山市南海区、广西壮族自治区北流市、海南省文昌市	辽宁省海城市、吉林省长春市九台区、黑龙江省安达市	河南省长垣县、安徽省金寨县、湖北省宜城市、湖南省浏阳市、山西省泽州县、内蒙古自治区和林格尔县、江西省余江县	陕西省西安市高陵区、四川省成都市郫都区、四川省泸县、重庆市大足区、青海省湟源县、甘肃省陇西县、宁夏回族自治区平罗县、新疆维吾尔自治区伊宁市、贵州省湄潭县、云南省大理市、西藏自治区曲水县

表 6-3　试点县（市、区）村集体经营性建设用地入市情况对比

试点区域	入市途径	土地使用权让渡方式	收益分配做法
北京市大兴区	就地入市、零散地整治后入市、城中村用地整治后入市	出让、租赁、作价（出资）入股等	【调节金】政府收取入市土地增值收益调节金：成交价的 12%
安徽省金寨县	就地入市、零星分散集体经营性建设用地整治后入市	出让、租赁、作价（出资）入股等	土地增值收益纳入农村集体经济组织集体资产统一管理，由农村集体经济组织成员共同分享
甘肃省陇西县	就地入市、零星分散集体经营性建设用地整治后入市、城中村集体建设用地整治后入市	出让（招标、拍卖、挂牌、协议）、租赁、作价（出资）入股等	【集体和成员的分配】①就地入市：按国家 30%、集体 70% 的比例分配。集体所得 40% 的增值收益，原则上分配到村集体经济组织内的个人。②易地置换入市：按国家 80%、集体 20% 的比例分配。③城中村改造，土地整治后入市：按国家 50%、集体 50% 的比例分配，集体所得 50% 的增值收益，原则上将 70% 用于城中村居民住房安置。剩余部分按实际情况在村集体经济组织和个人之间进行分配。④棚户区、小城镇改造等因规划调整入市：按国家 70%、集体 30% 的比例分配。集体所得 50% 的增值收益，原则上分配到村集体经济组织内的个人。⑤农业产业化龙头企业用地中的仓储、工厂化生产等经营性建设用地入市：分配比例按国家 30%、集体 70%。集体所得 20% 的增值收益，原则上分配给原使用权人，剩余部分按实际情况在村集体经济组织和个人之间进行分配
广东省佛山市南海区	就地入市、零星分散集体经营性建设用地整治后入市、城中村集体建设用地整治后入市	出让、租赁、作价出资（入股）、转让、出租和抵押等	【调节金】政府收取成交价 10% 的土地增值收益调节金。调节金区、镇（街道）按照 1∶1 进行分配。 【集体和成员的分配】剩余可分配收益总额按以下顺序进行分配：①提取村（居）行政运作经费。②提取村（居）公共服务经费。③提取公积公益金和福利费。在扣除村（居）行政运作经费和公共服务经费后的余额，原则上按不低于 40% 来提取。④向投资者分利。⑤农户（股东）分配

续表

试点区域	入市途径	土地使用权让渡方式	收益分配做法
广西省北流市	就地入市、零星分散及城中村集体建设用地整治后入市	出让、租赁、作价出资（入股）、转让、出租和抵押等	【调节金】政府收取土地增值收益调节金，①就地入市：工业用地按10%缴纳；商服、旅游、仓储等其他用地按15%缴纳；②零星分散集体经营性建设用地调整入市的：工业用地、旅游和仓储用地、商服等其他用地分别按10%、20%和48%的比例缴纳；③城中村集体建设用地整治后入市的，统一按10%的比例缴纳。 【集体和成员的分配】村集体间及集体内部间利益分配按照综合各村入市的集体土地面积和比例等因素确定土地收益分配方案
贵州省湄潭县	就地入市、零星分散及城中村集体建设用地整治后入市	出让、租赁、入股等	【调节金】政府收取入市土地增值收益调节金：12%征收。 【集体和成员的分配】集体经济组织留存比例不得少于净收益的40%
河南省长垣县	就地入市、零星分散及城中村集体建设用地整治后入市	出让（协议、招标、拍卖或者挂牌）等	【调节金】农村集体经营性建设用地出让时，按出让金总额的5%～40%从出让金中提取和征收调节金。集体经济组织将农村集体经营性建设用地以租赁、作价出资（入股）等方式入市的，按照收入的10%从中提取和征收调节金
吉林省长春市九台区	就地入市，产业集中区入市或城中村地块整治后入市	出让（协议、招标、拍卖或者挂牌）等	【调节金】用于农副产品加工、市场物流项目的调节金收取实行差异化方式，集体建设用地使用权以招标、拍卖、挂牌或协议方式出让的，按集体土地净收益的50%缴纳；以租赁或入股形式流转的，按10%进行缴纳。农村住房联建方通过流转取得集体建设用地使用权的，由联建方按该宗地所在区域的集体土地净收益的30%缴纳。用于酒店会所、旅游度假等经营性项目的，统一按集体土地净收益的60%缴纳
黑龙江省安达市	就地入市、零星分散及城中村集体建设用地整治后入市	出让（挂牌）等	【集体和成员的分配】村集体经济组织取得的集体经营性建设用地入市收益足额上报乡镇村账代管中心入账核算，上级转移支付等由镇直接拨入村账户

续表

试点区域	入市途径	土地使用权让渡方式	收益分配做法
辽宁省海城市	就地入市、零星分散用地使用权调整入市、城中村集体建设用地整治后入市	以出让（招标、拍卖、挂牌、协议）、租赁、作价出资（入股）等	【调节金】①工矿仓储类用地以出让方式入市的土地增值收益，政府原则按30%提取收益调节金，其余70%归村集体和农民个人；以租赁、作价出资（入股）方式入市的土地增值收益，政府原则按10%提取收益调节金，其余90%归村集体和农民个人。②商服类用地以出让方式入市的土地增值收益，政府原则按40%提取收益调节金，其余60%归村集体和农民个人；以租赁、作价出资（入股）方式入市的土地增值收益，政府原则按20%提取收益调节金，其余80%归村集体和农民个人。 【集体和成员的分配】国家与集体的分成比例确定为3∶7，国家30%留成部分作为增值收益调节金，集体留成70%部分，村民委员会与农民个人的指导分配比例是2∶8，村民委员会可以留成20%，主要用于发展生产、增加积累、集体福利、公益事业等方面
内蒙古自治区和林格尔县	就地入市、零星分散用地调整入市，城中村集体建设用地整治后入市	出让、租赁、作价出资（入股）等	【集体和成员的分配】国家与集体的分成比例确定为3∶7，国家30%留成部分作为增值收益调节金，集体留成70%部分；村民委员会与农民个人的指导分配比例是2∶8，村民委员会可以留成20%，主要用于发展生产、增加积累、集体福利、公益事业等方面。中央、地方、集体、农民分配比例为21%、32%、16%、31%
山西省泽州县	就地入市、零星分散用地使用权调整入市、城中村集体建设用地整治后入市	出让、租赁、作价出资（入股）等	【调节金】政府按照出让金、租金和作价出资的20%收取土地增值收益调节金； 【集体和成员的分配】集体经营性建设用地入市的收益以70%的比例支付给村集体经济组织成员，其余30%留给村集体经济组织
上海市松江区	就地入市、零星分散的农村集体经营性建设用地使用权调整入市	出让、租赁、作价出资（入股）等	【调节金】工业用途的集体土地入市缴纳的调节金暂不做规定，商服用途的土地使用权入市应按成交地价总额的50%缴纳调节金，调节金的70%返还地块所在的街镇，30%由区财政参照国有土地使用出让资金使用范围统筹安排使用；【集体和成员的分配】扣除该地块的前期出让成本后，部分用于集体经济组织资产经营，以定期分红形式分配给农民，部分用于乡镇基础设施、公益事业和基本农田保护等支出

续表

试点区域	入市途径	土地使用权让渡方式	收益分配做法
四川省成都市郫都区	就地入市、零星分散用地使用权调整入市、城中村集体建设用地整治后入市	出让、租赁、作价出资（入股）等	【调节金】根据基准地价、规划用途及入市方式的不同，差异化计提土地增值收益调节金，工矿仓储用地按照成交价的13%～23%计提，商服用地按照成交价的15%～40%计提；【契税】入市后再进行转让、出租的，以土地收益的3%缴纳与契税相当的调节金；【集体和成员的分配】入市所获得的增值收益以“二八开”的分配原则，村民享受20%的分配份额进行现金分配，其余80%将作为公积金、公益金进行使用
浙江省德清县	就地入市、零星分散用地使用权调整入市、城中村集体建设用地整治后入市	出让、租赁、作价出资（入股）等	【调节金】“按类别、有级差”的调节金收取方式，收取比例按土地成交价款的16%～48%。【集体和成员的分配】农村集体经济组织获得的集体经营性建设用地入市收益，归农村集体经济组织所有，纳入农村集体资产统一管理，不直接分配，但量化农户股权，年底享受收益现金分红
重庆市大足区	就地入市、零星分散用地使用权调整入市、城中村集体建设用地整治后入市	出让、租赁、作价出资（入股）等	【调节金】分别按入市或再转让农村集体经营性建设用地土地增值收益的20%～50%征收，商服用地按照40%～50%征收，工业用地按照20%～30%征收。【契税】在契税暂无法覆盖农村集体经营性建设用地入市环节的过渡时期，除增值收益调节金外，须再按成交价款的3%征收与契税相当的调节金。【集体和成员的分配】出让方式所获得的收益，至少30%的收益用于集体公益事业建设，剩余部分可在农村集体经济组织成员间进行分配；出租和作价出资方式获得的收益，作为农村集体经济组织投资收益，纳入农村集体经济组织年度收益分配

农村集体经营性建设用地入市可谓是土地市场化改革的全新起点，将改变“工商业在城市，农业在农村”的局面，为填平城乡土地价格差距提供思路，给农民带来土地改革的红利，增加其土地财产性收入。在各农村集体经营性建设用地入市试点区域存在差异化的方式，有的村集体采取“挂牌、拍卖、竞价”等方式出让农村集体经营性建设用地使用权给土地经营者，如四川省郫都区、贵州省湄潭县；也有试点区采取租赁、年租等形式让渡使用权，如北京市大兴区、广东省佛山市南海区；还有采取入股、联营等多元形式让渡农村集体经营性建设用地使用权的案例。

通过对比以上试点县（市、区）农村集体经营性建设用地入市的情况发现，大部分试点县（市、区）都是通过“就地入市”“零星分散的农村集体经营性建设用地使用权调整入市”“城中村集体建设用地整治后入市”三种途径进行入市，采用“出让（招标、拍卖、挂牌、协议）、租赁、作价出资（入股）”等多种方式让渡使用权，基本形成“政府收取土地增值收益调节金，剩余收益给予集体和农民”的增值收益分配机制。但根据现有资料，仅能获取较少试点县（市、区）的可入市规模及已入市规模，无法准确判断区域社会经济发展水平与入市方式、收益分配的关系（表 6-3）。

6.3　郫都区集体经营性建设用地入市促进农民土地财产性收入实现

6.3.1　郫都区农村集体经营性建设用地入市情况

郫都区位于四川省成都市近郊，辖 14 个镇（街）195 个村（社区），辖区面积 438 平方千米，户籍人口 55.86 万人，常住人口 108 万人。郫都区根据“定基数、定图斑、定规模”的原则，综合确定存量可入市总规模 4932.79 亩。到目前为止参与的入市主体共 16 个，共入市 29 宗农村集体经营性建设用地，合计面积 349.88 亩，涉及唐昌镇、三道堰镇、新民场镇、红光镇、友爱镇、团结镇、安德镇、古城镇、德源镇、唐元镇在内的 10 个乡镇，基本按照图 6-1 显示流程进行入市。郫都区农村集体经营性建设用地入市的土地用途种类中仓储用地占 10.84%、工业用地占 3.77%、商服用地占 85.39%；其中工业用地和商服用地均通过挂牌的方式出让，工业用地通过挂牌的方式租赁（表 6-4）。

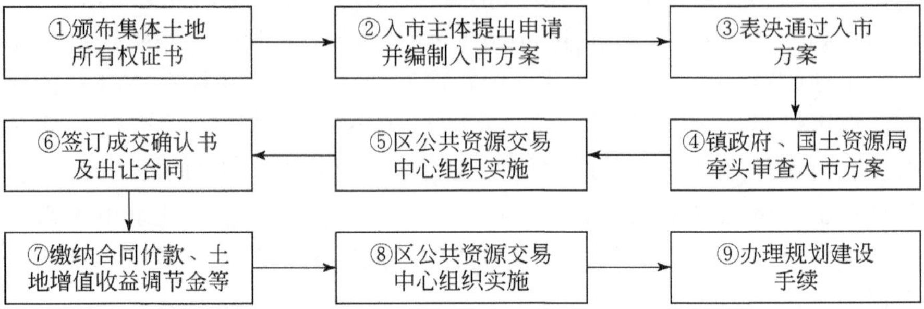

图 6-1　郫都区农村集体经营性建设用地入市流程图

表 6-4　郫都区 16 个入市主体的农村集体经营性建设用地入市台账

入市主体编号	宗地面积（亩）	土地用途	入市方式	出让年限	增值收益调节金		与契税相当的调节金		起始价（万元/亩）	竞得价格（万元/亩）	竞得总额（万元）
					比例（%）	金额（万元）	比例（%）	金额（万元）			
1	13. 30	仓储用地	挂牌租赁	10	13. 00	27. 66	3. 00	6. 38	1. 25	1. 60	212. 80
2	11. 68	仓储用地	挂牌租赁	10	13. 00	21. 26	3. 00	4. 91	1. 20	1. 40	163. 52
3	12. 94	仓储用地	挂牌租赁	10	13. 00	120. 78	3. 00	27. 87	1. 48	7. 18	929. 09
4	3. 80	工业用地	协议出让	50	23. 00	34. 96			40. 00	40. 00	152. 02
5	9. 39	工业用地	挂牌出让	50	13. 00	42. 68	3. 00	9. 85	35. 00	35. 00	328. 30
6	13. 45	商服用地	挂牌出让	40	15. 00	105. 90			49. 50	52. 50	705. 97
7	14. 94	商服用地	挂牌出让	40	24. 00	263. 00			73. 33	73. 33	1 095. 82
8	3. 14	商服用地	挂牌出让	40	30. 00	53. 69			56. 00	57. 00	178. 98
9	19. 91	商服用地	挂牌出让	40	15. 00	203. 11			68. 00	68. 00	1 354. 04
10	5. 36	商服用地	挂牌出让	40	30. 00	104. 12			64. 73	64. 73	347. 07
11	7. 89	商服用地	挂牌出让	40	24. 00	164. 36			86. 85	86. 85	684. 82
12	9. 60	商服用地	挂牌出让	40	24. 00	127. 20			55. 21	55. 21	530. 02
13	97. 48	商服用地	挂牌出让	40	24. 00	1 403. 71	3. 00	175. 46	60. 00	60. 00	5 848. 80
14	108. 39	商服用地	挂牌出让	40	15. 00	1 121. 73	3. 00	224. 35	69. 00	69. 00	7 478. 22
15	12. 13	商服用地	挂牌出让	40	15. 00	74. 57	3. 00	14. 91	41. 00	41. 00	497. 13
16	6. 49	商服用地	挂牌出让	40	24. 00	114. 22	3. 00	14. 28	73. 33	73. 33	475. 91
合计	349. 89					3 982. 95		478. 01			20 982. 51

资料来源：四川省郫都区国土资源局

6.3.2 郫都区农村集体经营性建设用地入市收益分配

在入市收益分配方面，根据基准地价、规划用途及入市方式的不同，政府计提土地增值收益调节金，其中工矿仓储用地按照成交价的13% ~23%计提，商服用地按照成交价的15% ~40%计提；入市后再进行转让、出租的，以土地收益的3%缴纳与契税相当的调节金。作为国务院授权的农村集体经营性建设用地试点地区，郫都区成立资产管理公司，对村集体入市所得资产统一管理使用。入市所获得的增值收益以“二八开”的分配原则，村民享受20%的分配份额进行现金分配，其余80%将作为公积金、公益金进行使用，公积金用于保障村民享受社会福利的资产投资及公共资源配套优化，而公益金集中作为村集体基础设施的建设经费，提高村民的社会生活水平。

农村集体建设用地入市流转过程中，受不同的土地用途管制或不同的土地规划用途、不同区位等因素的影响，土地权利人的增值收益分配失衡（蒋晓岚和程必定，2013），从表6-5可以看出，郫都区农村集体经营性建设用地入市后，规划用途多为工业用地、仓储用地和商服用地，不同土地用途入市收益相差较大，商服用地的入市平均收益为1745.16万元/亩，远大于工业用地240.16万元/亩的平均收益和仓储用地435.14万元/亩的平均收益；仓储用地和工业用地因其所在区域基准地价低，入市成交价款也相对较低，因此村集体收益和农民土地财产性收入较低。从图6-2可看出，集体经营性建设用地入市用途不同，为集体或个人创造的收益具有明显差异。郫都区入市流转为商服用地的地块可为农民创造的人均土地财产性收入占三类规划用地的54%，为集体创造的亩均收益占三类规划用地的47%，入市后工业用地和仓储用地为农民带来的土地财产性收入分别仅占20%和26%，为村集体经济组织创造的收益分别占28%和25%。可见规划用途为工业用地和仓储用地的入市收益远不及商服用地的入市收益。

表6-5 不同土地用途农村集体经营性建设用地入市收益分配

单位：万元/亩

土地用途	平均基准地价	入市总收益	政府所得	集体亩均所得	农民人均所得
仓储用地	20	435.14	69.62	21.18	0.26
工业用地	18	240.16	43.75	23.39	0.2
商服用地	56.06	1745.16	378.6	39.76	0.54

16个入市主体竞得郫都区29宗农村集体经营性建设用地，总价款达2.10亿元（表6-6）。根据郫都区增值收益原则，扣除入市相关成本后，集体和个人均

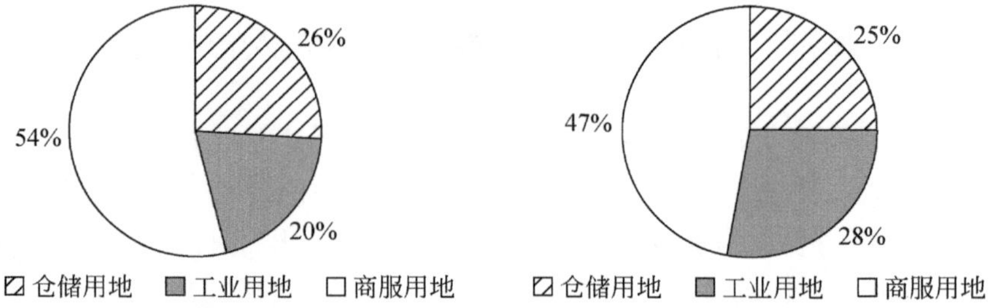

(a) 集体收益　　(b) 个人收益

图 6-2　不同土地用途情况下集体和个人收益对比

获益。村集体经济组织亩均可得 43.88 万元，作为集体公积金和公益金；由于基准地价低，入市规划用途为工业用地或仓储用地的，为农民创造的土地财产性收入略低，人均最低收益分红仅 100 元，而入市规划用途为商服用地可为农民创造更多的土地财产性收入，人均最高可达 3.73 万元。郫都区农民人均所得入市收益分红在不同的土地用途和区位条件下有所差异，当年人均收益分红 4400 元。

表 6-6　郫都区 16 个入市主体的农村集体经营性建设用地入市收益分配额

入市主体编号	土地用途	基准地价（万元/亩）	入市面积（亩）	入市价格总额（万元）	参与分配人数	国家（万元）	集体亩均所得（万元）	农户人均所得（万元）
1	仓储用地	18.00	13.30	212.80	251	34.05	9.98	0.11
2	仓储用地	24.00	11.68	163.52	1080	26.16	8.74	0.02
3	仓储用地	18.00	12.94	929.09	180	148.65	44.82	0.66
4	工业用地	18.00	3.80	152.02	3082	34.96	24.96	0.01
5	工业用地	18.00	9.39	328.30	107	52.53	21.82	0.39
6	商服用地	45.33	13.45	705.97	1740	105.90	32.76	0.05
7	商服用地	73.33	14.94	1095.82	2594	263.00	45.76	0.05
8	商服用地	50.00	3.14	178.98	137	53.69	35.57	0.17
9	商服用地	58.67	19.91	1354.04	521	203.11	42.44	0.33
10	商服用地	56.00	5.36	347.07	169	104.12	40.39	0.26
11	商服用地	60.00	7.89	684.82	200	164.36	54.19	0.44
12	商服用地	50.00	9.60	530.02	421	127.20	34.45	0.16
13	商服用地	73.33	97.48	5848.80	2190	1579.18	37.44	0.34
14	商服用地	58.67	108.38	7478.22	257	1346.08	43.06	3.73
15	商服用地	18.00	12.13	497.13	182	89.48	25.58	0.35

续表

入市主体编号	土地用途	基准地价（万元/亩）	入市面积（亩）	入市价格总额（万元）	参与分配人数	国家（万元）	集体亩均所得（万元）	农户人均所得（万元）
16	商服用地	73.33	6.49	475.91	2727	128.50	45.73	0.02
均值		44.54					34.23	0.44
总计			349.89	20982.51	15838	4460.97		

注：集体和个人所得收益所扣除的入市成本根据郫都区已知入市成本按比例扣除

资料来源：四川省郫都区国土资源局

6.3.3 郫都区农村集体经营性建设用地入市促进农民土地财产性收入增长的机制分析

土地是农民拥有的最大不动产，其权力让渡的收益属于土地财产性收入。通过将存量农村集体经营性建设用地使用权出让、租赁、入股，土地发展权价值被激活，闲置的土地使用权让渡使村集体及农民获得实实在在的收益。郫都区各宗土地入市的情况不尽相同，但对农民产生的影响却是一致的，有效促进了当地农民的土地财产性收入增长（图 6-3）。

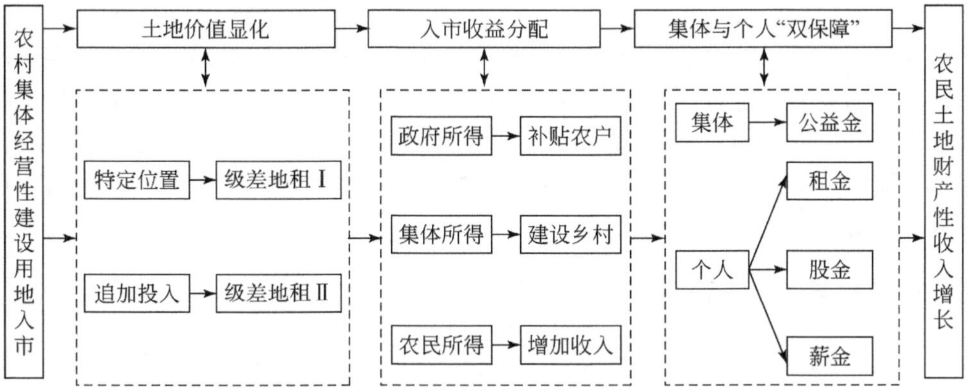

图 6-3 郫都区农村集体经营性建设用地入市促进农民土地财产性收入增长的机理

1. 农村集体经营性建设用地价值显化

长期以来我国农民收入增长以家庭经营收入为主要来源，随着外出务工农民的增加，工资性收入所占比例也逐渐增加，财产性收入和转移性收入仅仅作为农民收入的补充。土地财产性收入在农民家庭总收入中的比例甚微，通过农村产权制度改革，增加农民土地财产性收入是我国进入城乡融合发展新时期农民增收的新动力，农村集体经营性建设用地价值显化是促进农民增收的基础。

农村集体经营性建设用地入市交易，改变了传统的征地模式，使集体经营性建设用地的潜在价值在市场环境中得以凸显（邵绘春，2010）。该类土地能够产生增值收益有三个原因：一是因为特定土地位置使其具有商业使用价值而产生级差地租Ⅰ；二是因为作为稀缺性资源的建设用地在经济发展中的重要作用而增值（张车伟和王德文，2004）；三是由于土地所有者为了获取最大化的收益，必定会增加资金、劳动及管理要素的投入，以此形成级差地租Ⅱ，增加土地收益。

2. 农村集体经营性建设用地入市收益分配

为最大限度平衡用途管制和区位条件造成不同权利人的利益失衡问题，郫都区建立了各利益主体兼顾的集体经营性建设用地入市流转增值收益税收调节机制。农村集体经营性建设用地所有权人分享一部分土地自然增值收益；国家作为全民的代表，通过收取增值收益调节金以及再次流转后增收的与契税相当的调节金，获得另一部分土地增值收益。根据《郫都区农村集体经营性建设用地入市增值收益调节金征收使用管理办法》，郫都区针对不同的土地用途和区位条件甚至不同的入市方式差异化地征收增值收益调节金，入市土地属于工矿仓储用地，采取招标、拍卖、挂牌方式入市的，按成交价的13%计提缴纳；采取协议方式入市的，按成交价的23%计提缴纳。入市土地属于商服用地，采取招标、拍卖、挂牌方式入市的，根据宗地所在区域基准地价不同级别区别缴纳，位于基准地价一、二、三级的分别按照30%、24%、15%计提缴纳；协议方式入市的，位于基准地价一、二、三级的分别按40%、33%、25%计提缴纳。郫都区通过财政转移、增加城乡基础设施投入、实施耕地保护补偿等多种形式将增值收益调节金惠及各类利益主体。

3. 集体与个人“双保障”

郫都区农村集体经营性建设用地入市改革不仅缓解了建设用地供给不足的紧张局面，促进了土地资源的优化合理利用，同时所获得的增值收益通过租金（现金分红）、股金、薪金和公益金“四金”切实保障了农民及集体双方的收益（图6-4），增加了农民土地财产性收入。主要体现在以下四个方面：第一，郫都区集体经营性建设用地入市的增值收益以“二八开”的分配原则，农民可以获得20%的直接分红；第二，村集体所获得的80%入市收益中有30%作为公益金，用于该集体经济组织生产生活设施改造、新村建设与管理、购买新农合、发放养老补助等，提升村级公共福利，村集体经济组织成员成为集体公益金的实际受益者，相对于征地一次性补偿而言，集体公益金更具有可持续性（叶彩霞等，2010）；第三，50%的入市收益作为集体经济组织的发展资金，用于发展壮大集体经济，郫都区村集体经济组织成立资产管理公司，对村集体经营性建设用地入市所得资产统一管理使用，村集体组织成员能够成为股东享受股金分红；第四，如果农户能够成为受让主体建立的各类企业、工厂的一名员工，还能额外获得工资性收入。

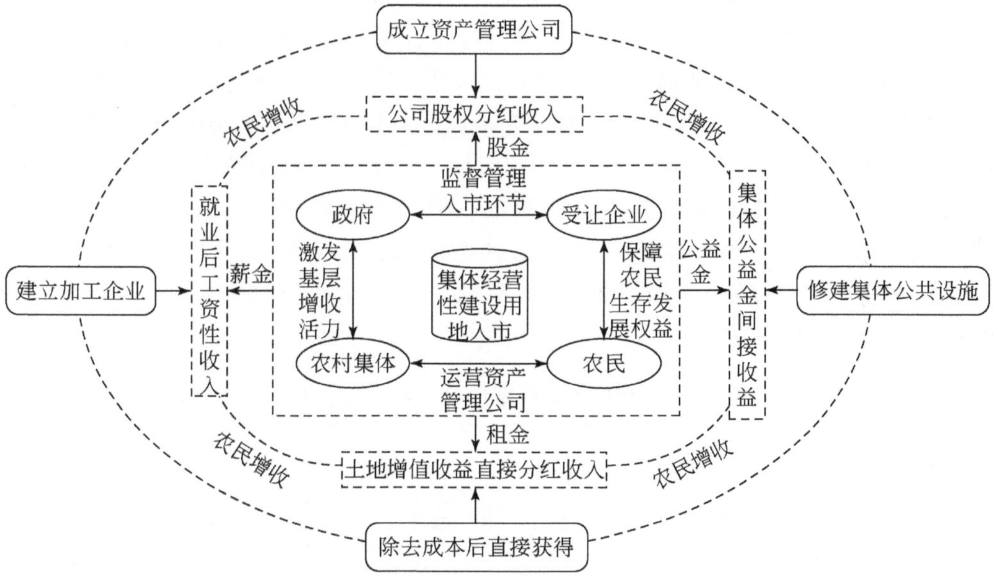

图6-4 “四金”促进农民土地财产性收入增长

6.4 大足区集体经营性建设用地入市促进农民土地财产性收入实现

6.4.1 大足区农村集体经营性建设用地入市情况

大足区位于四川盆地东南部重庆西部，居成渝两市之间，东与铜梁接壤，南与永川、荣昌接界，西与四川安岳相连，北与潼南毗邻，成渝高速公路、成渝铁路横贯大足区南部，海拔为267～934米，地势以丘陵和山地为主，东南和西北部较高，中部和东北部低而宽缓。区域内的地貌总体特征是“六丘三山一分坝”，低山分布在东南边境和西北部；平坝沿溪河两岸零星分布，此外周围地势也较为低平；丘陵主要分布在低山和溪谷坪坝之间的广大区域。

大足区是重庆都市近郊的重要组成部分，也是渝西和川东邻县地区重要物资集散地。其辖区面积 1399.34 平方千米。截至 2014 年底大足区辖 6 个街道办事处，21 个镇，区政府驻棠香街道，全区常住人口 75.03 万人，城镇人口 37.63 万人，城镇化率为 50.15%。2014 年实现地区生产总值 3 298 433 万元，比上年增长 11.4%。其中，第一产业实现增加值 364 297 万元，比上年增长 3.9%；第二产业实现增加值 1 992 091 万元，比上年增长 14%；第三产业实现增加值 942 015 万元，比上年增长 8.9%。三次产业结构比为 11.0∶60.4∶28.6，三次产业分别拉动经济增长 0.4 个、8.3 个和 2.7 个百分点，对 GDP 的贡献率分别为 3.3%、73% 和 23.7%。城区建成区面积达到 17.05 平方千米（不含龙水、双桥地区）。

在成为全国 33 个农村土地制度改革试点区县以来，截至 2016 年 8 月，大足区出让了 7 宗地，其成交总价为 6850.26 万元，土地实际成本为 5043.55 万元，增值收益为 1806.71 万元。其中，国家征收调节金 706.86 万元，集体和个人增值收益 1099.85 万元（集中区入市建新区增值收益 745.53 万元、复垦区增值收益 319.51 万元、就地入市增值收益 34.81 万元）。国家、集体（含个人）收益分配比例为 1∶1.56（表 6-7）。

表 6-7　大足区集体经营性建设用地入市情况表

序号	面积（亩）	入市方式			出让年限（年）	交易单价（万元/亩）	交易总价（万元）
1	110.54	集中区入市	出让	拍卖	40	35.73	3950
2	2.52	就地入市	出让	挂牌	50	22.06	55.59
3	4.11	就地入市	出让	挂牌	50	58.07	238.65
4	7.29	就地入市	出让	挂牌	50	74.84	545.59
5	16.27	集中区入市	出让	挂牌	40	35.67	580.39
6	27.02	集中区入市	出让	挂牌	50	34.97	944.91
7	9.05	就地入市	出让	挂牌	50	59.13	535.13
合计	176.8						6850.26

6.4.2　大足区农村集体经营性建设用地入市收益分配

重庆市大足区集体经营性建设用地入市收益按照公开、公平、公正分配规则，在国家、集体和个人之间进行分配。在入市收益分配方面，根据镇街类型和用途，政府按照总价的 10%～25% 或者增值部分的 20%～50% 提取增值收益调节金（表 6-8），由区财政部门统筹安排使用，专项用于农村基础设施、土地开发、土地整理、农村环境卫生，以及经济困难群众的社保补贴和特困救助。集体留存一定比例的收益，一般不低于30%，实行专账管理、专项审计，用于发展壮大集体经济组织。集体经济组织成员间的收益分配，由集体经济组织召开社员大会或社员代表大会，经本集体经济组织成员的村民会议三分之二以上成员或者三分之二以上村民代表的同意，讨论决定成员资格，确定收益分配方案。合作社股权是成员享受集体收益分配的凭证和份额比例，并对收益分配情况享有知情权、参与权、监督权。股份合作社股权以"人头""农龄"等多因素相结合的股权设置方法，经集体经济组织成员或合作社成员大会三分之二或者三分之二代表表决同意。股权一经设置要保持相对稳定，一般五年内不作调整。未制定农村集体资产量化确权改革方案的集体经济组织，由集体经济组织召开社员大会，经本集体经济组织三分之二成员或社员代表大会三分之二成员同意通过收益分配方案。已完成改制的村组，按照新型集体经济组织的章程规定进行收益分配；对尚不具备改制条件的村组，按照保障农民受益、尊重农民意愿的原则，加强其分配行为的规范管理。

表6-8　政府收取增值收益调节金比例情况表（%）

标准	分类	一类镇街	二类镇街	三类镇街
按出让总价收取比例	商服用地	25	20	15
	工业用地	20	15	10
按增值部分收取比例	商服用地	50	45	40
	工业用地	30	25	20

6.4.3　大足区农村集体经营性建设用地入市促进农民财产性收入增长机制分析

（1）严格集体成员资格认定，确保农民土地财产性收入权益主体地位。设定集体经济组织成员资格的取得、丧失等条件情况，以是否形成较为固定的生产、生活，是否依赖于农村集体土地作为生活保障为基本条件，并结合是否具有依法登记的集体经济组织所在地常住户口，作为判断农村集体经济组织成员资格的一般原则。将集体经济组织成员资格作为参与集体经营性建设用地入市的基本条件。在确定入市主体的基础上，结合农村建设用地摸底、村民意愿调查、基准地价调查等工作，全面摸清存量农村集体经营性建设用地底数。同时，通过入户、入企、开展座谈会等方式开展入市意愿调查。由于地处西南丘陵山区，长期以来的农耕传统形成了部分具有堆放粮食、生产工具或牲畜养殖等具有生产经营功能的村庄用地，并以靠近房前屋后或单独搭建形式存在。确认存量的过程中，根据土地利用总体规划和城乡规划中确定为工矿仓储、商服等经营性用途的土地认定为存量集体经营性建设用地，开展确权颁证工作。

（2）以城乡全覆盖的统一基准地价体系确保与国有建设用地同权同价、同等入市。按照建立城乡统一的建设用地市场，实现集体土地与国有土地同权同价、同等入市的要求，开展全区城乡统一土地级别和基准地价编制工作，将基准地价的覆盖范围扩大到农村地区，有效保障集体经济组织土地财产权益的实现。在具体的价格体系确定方面，明确农村集体建设用地与城镇建设用地在所有权和使用权权属差异的前提下，借鉴城镇土地定级的思路，确定农村集体建设用地定级的技术方法；从农村集体建设用地的特点和功能出发，剖析集体建设用地价值内涵；借鉴城镇土地估价的方法和原理，根据集体建设用地功能和价值内涵，开展农村集体建设用地资产评估方法。

（3）完善兼顾多方平衡的收益分配制度。一是实现对拆旧区与建新区之间的利益分配平衡。对于集中区入市，国家提留后的剩余增值部分在复垦区与建新区分配，原则上按照剩余增值收益的30%返还复垦区、70%返还建新区的比例进行分配，体现出对复垦区转移建设用地发展权的补偿，建立了两者之间的生态补偿和收益共享机制。二是体现集体经济组织和集体经济组织成员之间的收益平衡。集体经济组织留存的收益比例不低于纯收益的30%，剩余部分在集体经济组织成员内部公平合理分配。其中，农民个人所获取的收益形式，全部为现金发放到个人，集体经济组织收益，统一存放到集体经济组织专用账户，实行村财镇管。三是体现与已有改革制度之间的平衡。运用地票制度原理，实现了建设用地指标由复垦区转移到建新区，建立了两地之间的生态补偿和收益共享机制。同时，复垦区成本测算和收益分配参照地票制度，复垦区成本按照约12万元/亩进行测算，收益分配在国家提留后的剩余增值部分返还集体经济组织。

6.5 泸县集体经营性建设用地入市促进农民土地财产性收入实现

6.5.1 泸县农村集体经营性建设用地入市情况

泸县地处长江、沱江交汇区，位于成渝经济区环渝腹地区块，是泸州北大门。辖区面积1532平方千米，辖19个镇、1个街道，251个村、47个社区，人口109万。县城距在建泸州云龙机场21千米、重庆135千米、成都236千米。厦蓉高速、成自泸赤高速、川黔铁路等交通干道贯穿全境。是全国粮食生产先进县、全国文化先进县，西部经济百强县，四川省“扩权强县”试点县。在成为全国 33 个农村土地制度改革试点区（县）以来，截至 2017 年 5 月，泸县共出让了农村集体经营性建设用地 6 宗地，其成交总价为 1527.85 万元（表 6-9）。

表 6-9　泸县集体经营性建设用地入市情况表

序号	面积（亩）	交易方式		出让年限（年）	交易单价（万元/亩）	交易总价（万元）
1	2.46	出让	拍卖	50	15.3	37.57
2	32.32	出让	拍卖	50	14.78	477.75
3	18.29	出让	拍卖	40	17.8	325.52
4	10.04	出让	拍卖	40	23	231.01
5	22.26	出让	拍卖	50	19.1	425.07
6	1.34	出让	拍卖	40	23	30.93
合计	86.71				17.62	1527.85

资料来源：泸县公共资源交易中心 http：//www.luxian.gov.cn/xzfbm/jyzx/tdkqjy2/gg6/content_113711

6.5.2　泸县农村集体经营性建设用地入市收益分配

泸县农村集体经营性建设用地使用权入市收益［包括以出让、租赁或作价出资（入股）方式进入市场收益］，都应收取增值收益调节金。农村集体经营性建设用地使用权入市后，由县财政按入市成交价一定比例计提农村集体经营性建设用地增值收益调节金。入市土地属于工矿仓储用地与商服用地，采取协议、招标、拍卖、挂牌方式入市的，调节金计提标准见表 6-10。依法取得的使用权进行转让、出租的，转让方应当按照使用权转让、出租合同价款的 5% 缴纳。

表 6-10　政府收取增值收益调节金比例情况表（%）

按出让总价收取比例	总计提标准	10 万元/亩以下（含 10 万元/亩）	10 万～20 万元/亩（含 20 万元/亩）	20 万～30 万元/亩（含 30 万元/亩）	30 万～40 万元/亩（含 40 万元/亩）	40 万元/亩以上
工矿仓储用地	8～12	12	11	10	9	8
商服用地	13～17	17	16	15	14	13

农村集体经营性建设用地使用权入市的增值收益调节金，由县财政部门作为征收主体代县人民政府收取，县财政部门计提调节金后，方可办理农村集体经营性建设用地使用权变更登记。收取的调节金，统一上缴地方国库，纳入地方财政

预算管理，统筹安排用于基础设施建设和耕地保护，原则上优先安排用于农村集体经营性建设用地使用权出让方所在镇（街道）的基础设施建设和耕地保护，并按政府投资项目有关规定进行申报、建设和管理。对未经批准，擅自转让农村集体经营性建设用地使用权的，由土地行政主管部门按国家规定从严查处，并限期补办有关手续。农村集体经营性建设用地使用权出让人应及时足额缴纳增值收益调节金。对未按合同、协议及规定期限缴纳增值收益调节金的，按日加收10%的滞纳金。滞纳金随同增值收益调节金一并缴入地方国库。对擅自减免、截留、挪用增值收益调节金的，严格按照国家有关法律法规规定进行处理，依纪依法追究相关人员的纪律责任；涉嫌犯罪的，依法移送司法机关处理。

6.5.3 泸县农村集体经营性建设用地入市促进农民财产性收入增长的措施

1. 完善分配制度

农村集体经营性建设用地入市收益分配以一个会计核算年度为周期，即每年的12月末为核算日期，次年的第一季度内进行分配。收益分配对象为农村集体经济组织成员。其成员的界定由村民委员会根据法律的规定静态确定，经村民大会讨论决定通过后进行公示，报镇（街道）备案。坚持“收益决定分配”的原则，集体经济组织要依据当年的土地收益和其他土地收入扣除集体支出、弥补亏损和直接补偿给被征地农户的部分后，剩余部分可对集体经济组织成员进行分配。土地收益由集体经济组织按当年收益提取10%作为调剂金费用，村民进行现金分配原则上不超过净收益的30%，剩余收益部分作为全体村民股金调剂使用。因特殊情况可由村民议事会自行协商决定。

2. 加强收益的管理和使用

国家取得的土地收益，全额纳入财政统一管理使用，可用于基础设施建设和耕地保护以及实施民生项目。村级集体取得的土地收益，按照“村财镇管”的原则，统一由所在地镇（街道）管理，可作为本集体经济组织的发展资金，也可用于本集体经济组织的生产生活设施改造、新村建设与管理。集体经济组织成员取得的土地收益可自行支配，也可通过股份合作等形式长期分享土地收益。

3. 强化民主决策与监管指导

强化农村土地收益分配的民主决策机制。按《中华人民共和国村民委员会组织法》《村民自治章程》，由“村民议事会”形成合理分配方案，提交“村民会议”讨论决定，公示 5 个工作日后报镇（街道）审核批准后实施。农村土地收益实行专户管理，专款专用，任何人不得私自收取、减免、截留、挪用、侵占。对农村土地收益分配、使用、管理要按规定进行公示，接受村民监督，做到公平公正、规范管理。各镇（街道）应切实加强农村土地收益分配的监管与指导，强化有效的监管手段，推动收益分配制度的不断完善。实行收益分配方案审核报备制度，各镇（街道）应对农村集体经济组织拟定的收益分配方案进行审核。集体经济组织在收益分配工作完成后，应及时将分配工作相关方案、报告及财务资料报镇（街道）审核批准备案。村级集体经济组织收益分配情况纳入县农村集体“三资”监管平台，实施重点监管，做到各级财政、农业和纪检监察部门实时查询、实时指导。对农村集体经济组织的收支情况和收益分配情况要实行定期专项审计。

6.6　农村集体经营性建设用地入市促进农民土地财产性收入增长的制约因素

6.6.1　可入市土地资源较少

农村集体经营性建设用地入市是作为城市建设用地供应以及农村发展的有益补充，但农村集体经营性建设用地存量较少。此次试点区域允许入市的土地是确保土地利用现状及规划均为集体经营性建设用地。从总体上来看，大部分存量农村集体经营性建设用地数量少、不集中，对资金吸引力不够强。而且不少村庄没有集体经营性建设用地，部分存量集体公益性建设用地的合法性仍值得考证（张占贞和王兆君，2010）。

四川省获批天府新区后，建设用地指标缺口很大，土地整治指标优先向天府新区倾斜。郫都区自 2015 年 2 月启动农村土地制度改革试点以来，完成 29 宗土地入市，总面积 349.88 亩，距离 1200 亩土地的计划目标，仅完成 29.16% 的进度；此外，农村集体经营性建设用地单宗面积小且多，与分散的宅基地混杂在一起，整合难度较大。调研发现，郫都区入市宗地平均面积为 12.06 亩，有 18 宗地的面积未达到平均面积，最小的单宗面积仅 0.46 亩，难以形成规模效应。有限的资源无法有效地增加建设用地的供给，难以维持农村集体经营性建设用地入市的土地市场运行需求，无法通过农村集体经营性建设用地入市的途径保持农民土地财产性收入持续性增长。如果在以后的试点工作中，将增量的集体经营性建设用地也纳入市场，能够增加土地利用的规模效应，吸引更多的土地需求者，增加集体及农民收入。

6.6.2 集体资产量化标准不统一

由于缺少统一的政策及法律依据，集体资产量化没有统一的标准。集体资产按其用途分为资源性资产、非经营性资产和经营性资产，集体资源性资产量化相对简单，但集体非经营性资产和经营性资产量化较为困难。随着集体经营性建设用地入市改革的深入，入市后增加的收益应及时足额追加到入市总收益中，以保障集体经济组织成员的收益分配权（常文涛，2015；万年庆等，2012）。郫都区作为集体经营性建设用地入市试点区，对集体资源性资产（即集体经营性存量建设用地）量化的通用做法是在提取全区 2014 年土地利用现状数据库中的集体建设用地数据及图斑的基础上，结合“两规”和权属来源综合确定入市规模，然而确定集体存量建设用地规模仅仅是实现“量化改革”过程中的清产核资，未能合理确定折股量化的资产，以及存量集体经营性建设用地上附着物等资产，因此集体经营性建设用地入市增值收益额度不能精准地体现在总收益中。

6.6.3 集体成员资格界定面临困难

集体资产和集体组织成员密不可分，因此在集体资源性资产归属问题上，农村集体经济组织的成员资格界定也同样影响着入市收益促进农民增收（万年庆等，2012）。目前相关法律法规并没有对村集体经济组织成员资格进行明确的界定，然而这涉及广大农民的基本权利和切身利益，实践中遇到的问题纷繁复杂，司法解释规定不明确，裁判尺度不统一，从而影响法院裁判的效果和权威。因此，明晰集体经济组织成员资格的界定标准十分必要。郫都区调研区域 2008 年以来开展农村产权制度改革期间，集体经济组织对成员进行了界定，界定后的集体经济组织成员名册固化为“生不增死不减”，该名册中的成员享有集体资产的收益分配权。固化集体组织成员能够避免集体资产收益分配的混乱局面，但将导致财产收益在农村的代际传递，造成将来部分村民无法得到集体资产的收益，最终可能导致农村的阶层分化。

6.6.4 农村集体经营性建设用地历史遗留问题尚未解决

农村集体经营性建设用地历史遗留问题多，导致集体组织成员土地财产性收入增长受阻。早在 2015 年土地制度改革试点工作启动之前，郫都区大部分的农村集体经营性建设用地已经发生流转，尤其自 2008 年以来小产权房层出不穷。

这给其入市带来一系列的问题：一是流转期限混乱、长短不一，且大部分都持有与村集体签订的合同，如何将这部分流转出去的土地收回并重新入市是急需解决的问题；二是小产权房权属资料来源不全，因此其权属争议激烈、关系混乱。现今历史遗留问题依然存在，部分存量经营性建设用地就无法作为流转对象进入市场，也就无法通过入市促进农民土地财产性收入增长。

6.6.5　农村金融体系发展缓慢

农村金融体系发展缓慢，制约了农民土地财产性收入增长。农村金融制度机构单一、金融信息网络建设不足是阻碍农村集体经营性建设用地入市后农民土地财产性收入增长的制约因素之一（Hoang et al.，2014；叶彩霞等，2010）。一方面由于农村金融体系不健全，仍以农村信用社为主体，各大商业银行网点相对较少；另一方面农村金融产品创新性不足，缺乏农民这一受众群体的金融理财产品；同时，金融对农村新型经营主体的支持力度不够。因此随着农村集体经营性建设用地入市带给农民土地财产性收入的提高，农民家庭拥有货币资产增加，而当前大部分农户处置货币资产的主要方式仍是存入银行，这就造成了货币资产升值空间受到极大的限制。

6.6.6　农村集体经济组织治理水平差异大

农村集体经济组织是农村集体经济发展的重要载体，其治理结构是集体经济组织对集体经济组织成员的利益分配和控制的制度安排，其发展状况直接决定着农村集体经济的运行，影响着广大农民的切身利益。高效和稳定的治理结构才能更好地管理和发展集体经济。农村集体经济组织治理结构的完善，将增强经济组织运作效率，发挥集体经济组织应有的效用和功能，为集体经济组织发挥更大作用奠定制度层面的基石，为农民增收致富创造组织层面的便利条件。

我国幅员辽阔，社会经济发展水平地域差异显著，受地区经济发展水平、距城市距离、集体经济组织领导文化水平及经验、干部管理水平等因素影响，农村集体经济组织治理水平差异也较为明显。有些地方集体经济发展基础好，农村集体经济组织领导及干部的管理经验丰富，对集体经营性建设用地入市政策、入市方式、入市收益等方面知悉程度较高，具有远见卓识，能够合理利用本区域资源引进旅游、有机农业等高附加值产业进行产业链的延长，能够帮助村集体及农民获得利益，则在处理入市程序、后期利益分配等事宜方面更加顺利，能得到农民的支持。有的地方集体经济组织领导及干部文化水平、管理水平较差，对相关业务不够熟悉，目光不够长远，难以成为农村集体经济组织发展经济的组织者和领路人。因此，提高农村集体经济组织领导干部的管理水平、治理效能，培育基层新型管理人才，对于农村集体经营性建设用地入市及增值收益持续增长等都有着重要意义。

6.7 农村集体经营性建设用地入市促进农民土地财产性收入增长的措施

6.7.1 完善相关法律法规及产权制度

1. 建立与集体经营性建设用地入市相适应的产权制度

土地产权明晰是集体经营性建设用地入市并进行交易活动的基础，同时也是保证良好的市场交易秩序的前提，但在当前情况下，土地产权在农村中并没有严格明确的界定。对于农村集体土地而言，其产权所有者是所有村民主体，但在产权分配上比较模糊。在此情况下，需要国家有关部门出台相应的政策和法规，以各级政府为主体，具体对集体经营性建设用地的权属进行明确界定，明确村集体、村民小组及农户的土地产权关系，并通过相关的法律条文进行明确规定，明确农民对集体经营性建设用地使用权的交易资格和收益分配资格。

2. 完善入市增值收益税收体系

政府除以土地增值收益调节金享有收益的方式外，还可以通过税收的形式参与分配，但我国当前土地税收制度并不完善，这就需要相关税收体系的建立与完善。在集体经营性建设用地入市模式下，可以参照土地增值收益调节金的收取方式，建立入市增值税征收体系，集体经营性建设用地入市产生的增值收益可以按照一定的比例向政府缴纳土地增值收益税款，相较之土地增值收益调节金而言，土地税收的收取和使用会更加规范和透明，税收“取之于民，用之于民”的特点，不仅增加了政府的财政性收入，保障了政府的利益，也规范了政府的使用行为，使用途径，维护了农民的权益。税收体系的监管是入市增值税征收体系不断完善的基础，国家相关部门应制定税收监督和管理的各项法律法规，用于规范和监督指导相关部门的税务征收工作，明确土地增值税收的使用范围、使用程序等，做到公正、公平。

3. 进一步修改完善《中华人民共和国土地管理法》

通过对入市试点实践探索发现，为了更好地规范农村集体经营性建设用地入市，需要进一步修改完善《中华人民共和国土地管理法》等相关法律。从总体来看《中华人民共和国土地管理法》关于集体经营性建设用地入市具体修改的方式有两种选择方案。第一种方案是删除集体经营性建设用地使用权不得流转的规定，同时研究出台集体经营性建设用地流转条例，具体规范集体经营性建设用地流转行为。第二种方案是在《中华人民共和国土地管理法》修改中明确集体经营性建设用地流转的具体规则，能上升为法律的尽量在《中华人民共和国土地管理法》中予以规定。前一种方案可在集体经营性建设用地流转制度实践不成熟的情形下尽快立法，后一种方案符合土地法治的长远需要。目前集体经营性建设用地入市改革尚处于试点阶段，其流转规则需进一步探索。

6.7.2　完善集体建设用地市场机制

（1）培养强有力的集体经济组织管理集体建设用地交易市场。由于农民集体土地空间上分散、产权细碎化，即便是在交易市场化程度高的区域，由农民个体进行市场信息搜索和交易也面临巨大的交易成本。因此，只有高度规范化和具有较高组织能力的集体经济组织进行市场交易，才能有效降低因空间分散、产权细碎造成的交易费用。因而，建立管办分离、政企分离的集体经济组织，形成经济的、统一的、市场化的集体经济组织，为农民土地市场交易提供准确可靠的交易保障，是确保农民土地财产收益得到有效保障的前提。事实上，一些发达地区的农村集体经济组织经过多年的运行和多方面的改革探索，已经形成了较为规范的运行管理体制，在发达地区农民土地财产收益实现中起到了良好的组织作用，这些运行经验同样值得欠发达地区借鉴，以便更好地为农民土地财产性收入实现建立强有力的组织基础。

（2）严格控制市场交易范围，确保农民财产性收入实现的基础制度环境。由于经济发达地区的农村工业化程度较高，第二、第三产业对建设用地的需求量也大。但是按照现行土地管理制度，存量集体建设用地才应当是进入市场交易的主要客体。这部分存量集体建设用地大多来自于20世纪兴办乡镇企业形成的现状用地，供给总量有限。在供需失衡的情况下，违法占用农用土地的现实可能性存在。因此，需要整合空间分布零散的存量建设用地，科学规划并合理布局，为农民土地财产收益在合法合规的前提下得以实现提供基础制度环境。

（3）加强市场监管，确保农民土地财产收入实现的稳定性。尽管在经济发达的农村地区有大量的交易案例，但这些市场交易纳入公开化、规范化的管理时间并不长，且这些现行探索的市场渠道还缺乏国家统一的制度支持，因此，加强市场监管力度，保障市场平衡运行，杜绝市场的大起大落，是农民土地财产权益得到保障的重要措施。加强土地监管制度，可以分为内部性监管和外部性监管，其中，内部性监管以法律方式强化监管制度，行政主管部门应加强土地交易方式及利用方式的监管调查；外部性监管以农民媒体及网络形成全方位的监管体系。通过维护正常的土地交易市场秩序，使农村集体建设用地入市得到有序进行，农村建设用地通过市场机制得到有效配置，集体建设用地资产价值及农民集体建设用地财产性收入通过市场得到充分实现。

6.7.3 优化收入分配机制

（1）合理的收入分配机制是农村集体经营性建设用地入市正常运行的核心问题。明确农村集体经营性建设用地入市的增值收益来源是建立合理的收入分配机制的前提。应在确立政府提取土地增值收益的合法性和合理性基础上，科学测算政府、集体和农民的收益分配比例。因为国家鼓励入市、工商资本下乡的政策和政府规划是农民土地财产性收入实现和增长的根本原因，政府投资是入市土地增值的直接原因。也就是说农村集体经营性建设用地入市产生的增值收益是政策性增值、规划增值（用途性增值）和投资性增值综合作用的结果。理论上讲政府理应获得部分土地增值收益，体现政府进行基础设施投入对土地价值增值的贡献，现实中政府提取土地增值收益调节金的比例可根据政府的财政实力决定，财政实力强则可以不提取或少提取，让利于民。扣除政府收益后的剩余入市收益在村集体和农民之间按照合理的比例进行分配，但不同区域此比例可以有差别，应因时因地而异。

（2）规范农村集体内部收入分配。当前集体组织主体面临的主要问题是，如何科学管理和分配集体经营性建设用地入市产生的由集体享有的这部分增值收益。农村集体内部收益分配主要是在集体和农民之间进行分配。从当前试点情况来看，多数试点地区农民获得较高比例的分配份额，集体经济组织内部成立专门的资产管理机构，对这部分增值收益进行统一收益、统一管理，这对于规范集体内部收益分配是很有益的借鉴。在集体组织内部，应建立科学统一的管理机构，对于集体享有的土地增值收益合理规范的进行管理和分配。浙江德清为进行资产管理成立的股份经济合作社以及四川郫都区成立的唐昌镇战旗资产管理有限公司为我们提供了集体内部收益分配管理的“范本”。

（3）完善收入分配监督机制。集体经营性建设用地入市增值收益的分配直接关系到相关主体的权益分配是否实现公平与公正。因此，在增值收益的分配过程中应建立监督管理机制来保证其公平合理。从我国当前增值收益分配现状来说，并没有一个专门性的监督机构来对增值收益分配的各个环节进行监督。在没有专门监督机构的情况下，一般是政府代履行监督管理的职责。首先，加强对交易市场的监督。政府应依照相关的法律，对进行交易的各方主体进行依法监管，使其服从相应的规则。其次，强化分配环节中的监管力度，政府可以成立监督小组，对财产的分配工作进行实时严格地监管，保证所有成员都能获得相应合理的份额。此外，还可以引入第三方机构，集体土地入市流转需要多方利益协调，交易程序复杂，第三方机构能够实现规范化流转。

6.7.4　发展农村金融市场促进农民土地财性收入持续增长

（1）强化资产管理公司运作管理是促进农民财产性收入持续增长的重要途径。村集体土地入市所得收入中，50% ~ 80%作为公积金量化为股权配股给村民，并由集体资产管理公司管理和经营，集体资产管理公司对资产的管理和运作能力直接关系到土地财产性收入可持续性问题。应加大力度培植或聘请职业经理管理集体资产管理公司，不断壮大集体经济。将集体经营性建设用地入市与农用地流转相结合，建设用地规模化利用与农业规模经营相结合，入市后的集体经营性建设用地利用应与农村产业发展相结合，特别应结合当地的产业特点，与农产品加工、乡村旅游等第二、第三产业发展紧密结合，将农业生产变成旅游、生态、休闲养生的载体，提升农业产业附加值。让农民获得集体建设用地财产性收入的同时，获得农地流转的土地财产性收入，并获得工资性收入。

（2）积极推进农村集体经营性建设用地抵押融资。中国银监会联合国土资源部印发的《农村集体经营性建设用地使用权抵押贷款管理暂行办法》指出，按照金融改革与农村土地制度改革紧密衔接的原则，在坚持土地公有制性质不变、耕地红线不突破、农民利益不受损的前提下，开展农村集体经营性建设用地使用权抵押贷款工作，落实农村集体经营性建设用地与国有建设用地同等入市、同权同价。农村集体经营性建设用地的市场化及以此为基础开展的抵押贷款，将带来巨大的市场价值。目前，全国农村集体建设用地约为 2.5 亿亩（卓尚进，2016），将来如果允许这些土地出让、租赁、入股，实行与国有土地同等入市、同权同价，每年将带来上万亿元的土地增值收益。此项改革的推进无疑将极大地增强农村集体的经济实力，并可让广大农民分享集体经营性建设用地的增值收益。与此同时，今后银行机构稳步开展农村集体经营性建设用地使用权抵押贷款，又将给银行业带来开拓农村金融市场、增加收入利润来源和转型升级的历史机遇。

第 7 章　农业综合开发与农民土地财产性收入实现

财政支农是我国多年来开展扶持农村农业发展的主要政策举措。《中共中央国务院关于深入推进农业供给侧结构性改革加快培育农业农村发展新动能的若干意见》（2017 年中央一号文件）指出，“改革财政支农投入机制，坚持把农业农村作为财政支出的优先保障领域，确保农业农村投入适度增加，着力优化投入结构，创新使用方式，提升支农效能”；“从实际出发探索发展集体经济有效途径，鼓励地方开展资源变资产、资金变股金、农民变股东等改革，增强集体经济发展活力和实力”。财政支农资金投入机制的改变为农民实现和增加土地财产性收入拓展了新的渠道。

农业综合开发是指中央政府为支持农业发展、改善农业生产基本条件、优化农业和农村经济结构、提高农业综合生产能力和综合效益，设立专项资金对农业资源进行综合开发利用和保护的活动。具体内容包括土地整治项目和产业化发展项目。其主要任务是加强农业基础设施和生态建设，转变农业发展方式，推进农村第一、第二、第三产业融合发展，提高农业综合生产能力，保障国家粮食安全，带动农民增收，促进农业可持续发展和农业现代化。农业综合开发以农民为受益主体，扶持对象包括专业大户、家庭农场、农民合作组织、农村集体经济组织及涉农企业与单位等。

7.1　农业综合开发与农民的利益联结

当前，关于农业综合开发财政投入补助和农民利益联结机制问题的相关研究主要集中在农业综合开发财政补助与农民利益联结机制内涵界定、农业综合开发中农民利益联结机制类型划分、农民利益联结机制建立渠道等方面。

7.1.1　农业综合开发财政补助与农民利益联结的内涵

在国内，“利益联结机制”最初是在关于农业产业化研究中对龙头企业与农户间的利益博弈的研究中被提及。随着农业经济合作组织的发展，逐渐将其延伸至对合作社的相关研究中。在关于龙头企业与农户利益联结机制的研究中，利益联结机制指主导经济行为的各经济主体之间在利益方面相互联系、相互作用的制约关系及其调节功能。它可分为利益创造和利益分配两个方面，其构成内容包括四个方面：利益分配机制、利益保障机制、利益调节机制和利益约束机制（雷玉明，2006）。农民是农业综合开发的产权主体、利益主体（朱铁辉，2004）。利益联结关系是决定农民对其利益进行保护的最重要的因素（王琳琳，2015）。农业综合开发产业化项目中的利益联结机制，就是农户和龙头企业之间相互联系，相互制约，相互依存的一种制约关系，可分为利益机制和联结机制（张巩，2014）。农户和龙头企业之间存在农产品现价收购、订单收购等无中间环节的直接联结关系，也存在依靠商业中介、政府机构等第三方组织建立的间接联结关系（刘宁杰，2014）。

本研究将农业综合开发财政补助与农民利益联结机制的内涵表述为：与农业综合开发财政补助相关的主体在利益上发生的所有关系的总和。这里的主体包括政府、农业企业（专业合作社等）、农民（集体经济组织），是在建立利益共同体的方式、手段相互作用与相互影响，也是在作为“经济人”前提下经济个体之间所产生的利益博弈与制约。按照其联结主体不同将其在内容上分为内部利益联结与外部利益联结，其内涵包括利益创造、利益分配、利益保障与约束三个方面。

7.1.2　农业综合开发财政补助与农民利益联结模式的划分

根据利益联结发育程度，可将利益联结划分为松散型和紧密型（牛若峰，2006）。按照利益联结的参与者，可以分为“公司+农户”“公司+基地+农户”“公司+专业合作组织+农户”“公司+专业合作组织+基地+农户”四种主要模式（项仕安，2004）。按照合同缔约方式，可划分为买断式、合同式、合作式、企业式、股份式和股份合作式（张巩，2014）。龙头企业是农业产业化经营的关键主体，是吸纳先进生产要素、提高农民组织化程度、加快农业现代化的中坚力量（万伦来等，2010）。不同组织模式的产生和发展都具有一定的适宜条件，所产生的效率和影响也不尽相同（王茜和秦富，2009）。

7.1.3　农业综合开发财政补助与农民利益联结的渠道

在多样化的农业综合开发项目利益联结模式中，需要在产权关系上做出相应的调整和创新。例如，“龙头企业+农民专业合作社+农户”模式，尝试通过农发项目扶持，或让农民在龙头企业中获得股份长期受益（唐铁飞，2014），或从土地产权交易机制完善、风险转移机制建立、政府扶持机制稳定等方面建立农业综合开发项目与农民利益联结机制（刘宁杰，2014），以及通过扶持农业合作社发展建立农民利益联结机制（吴洪伟，2012）。考虑到农业综合开发产业化经营项目财政资金投入对农民收入增长有显著影响，要优化资金来源结构、提高投入规模（郭海丽等，2012）。

总体上，农业综合开发财政投入补助与农民利益联结机制的分析侧重于农业产业化项目中建立农户和龙头企业之间的联结关系、联结方式和改进渠道，但是缺乏将农业综合开发财政投入补助作为一个整体，综合考虑土地整治和农业产业化项目，系统分析农业综合开发财政投入补助与农民利益联结机制建立的改革需求，针对不同的项目建设模式，建立差别化的农业综合开发财政投入补助与农民利益联结机制的研究。

7.2 农业综合开发财政投入补助项目促进农民土地财产性收入增长实现渠道

7.2.1 传统农业综合开发财政投入补助项目促进农民土地财产性收入实现

农民利益保障问题是农业开发财政投入补助项目中的重点问题。实现与农民利益的紧密联结，是农业综合开发财政投入补助的重要目标。在传统的农业综合开发财政投入补助土地整治项目中，通过土地整治工程提高土地质量和基础设施条件，从而提高项目区的土地对农业企业等新型农业经营主体的吸引力，农民更容易将土地流转出去，获得土地流转租金；在传统的农业综合开发财政投入产业化补助项目中，农业综合开发财政资金投入采用补助或贴息的方式，将资金直接补助给农业企业或农民专业合作社，农民通过将承包地流转给农业企业或农民专业合作社获取土地流转租金，从而实现从土地资产上获取财政性收入（图 7-1）。这种传统的农业综合开发财政资金投入方式通过“公司+农户”或“公司+合作社+农户”等模式，建立起财政资金与农民利益的间接联结机制，农民在一定程度上增加了获取土地财产性收入的途径。

图 7-1　传统农业综合开发财政投入补助产业化项目农民土地财产性收入实现渠道

2017年重庆市农业综合开发围绕建设高标准农田提升土地综合生产能力，创新投融资模式撬动金融和社会资本投入，延伸柑橘、茶叶、榨菜等特色产业链条，实现了项目区产业提质增效、农户稳步增收，新增高标准农田50万亩，累计开发新增粮油生产能力26.8万吨。截至2017年底，全市农业综合开发项目已累计带动148万农户增收，亩均收入比非项目区高出390元，450余万人直接受益。6年前，兰云霞从村民手中流转了500亩土地种水稻。由于地块小而破碎，机器进出困难，一亩地机器搬运费就要花80多元，扣除人工成本和运输费用，一年收益不到20万元。通过农业综合项目中的高标准农田建设，水稻收割机和运输车辆可以直接进入田里，灌溉则直接从田边水渠取水，每年节省运费4万多元，每亩还实现增收近300元[①]。可见，农业综合开发财政补助开展高标准农田建设，仅田间道路和农田水利设施配套就能使经营者的经营效益大大提高，这些投资固着在土地上成为土地资本，最终将部分地转化为农民的土地财产性收入。

7.2.2　农业综合开发股权化改革促进农民土地财产性收入实现

针对传统农业综合开发财政资金与农民利益联结不直接、资金分散、资金规模小等问题，近年来国家先后在四川、重庆、河南、云南等省市开展农业综合开发财政资金投入方式的改革试点，其中，四川、云南开展的是财政支农资金形成资产股权量化改革试点［《四川省人民政府办公厅关于推进财政支农资金形成资产股权量化改革试点的意见》（川办发〔2014〕100号）、《云南省人民政府办公厅关于推进财政支农资金形成股权量化改革的意见》（云政办发〔2016〕89号）］，河南开展的是农业综合开发财政股权投资基金改革试点［《关于印发〈河南省农业综合开发财政股权投资基金运营方案〉的通知》（豫财发〔2015〕35号）］，重庆开展的则是农业综合开发项目财政补助资金股权化改革试点。

在永川、渝北和云阳等区县改革试点的基础上，2016年6月重庆市农业农村体制改革专项小组办公室发布《关于印发〈农业项目财政补助资金股权化改革方案〉的通知》（渝农改办〔2016〕1号），在全市展开农业综合开发财政投入补助股权化改革。试点方案明确提出了全市股权化改革的要求，确定了股权化改革方案和推进路径。改革实施以来，初步建立了农业综合开发项目财政投入补助与农民利益的紧密联结机制，在农民增收和农业增效等方面取得了明显的成效，探索出了通过农业综合开发财政投入补助实现农民土地财产性收入

① 资料来源：重庆市农业综合开发办公室 http：//m.cqrb.cn/cqrb/2018-01/05/003/content_110723.htm？from=groupmessage。

增加的新渠道（图7-2）。

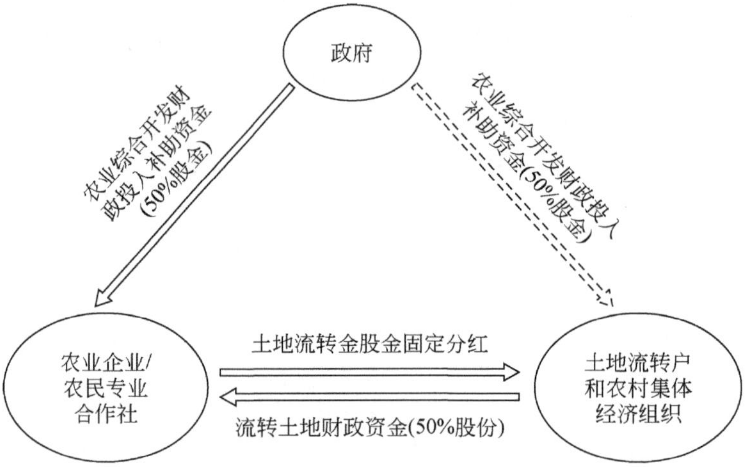

图7-2　农业综合开发财政投入项目股权化改革农民土地财产性收入实现渠道

1. 重庆市农业综合开发财政资金股权化改革主要做法

重庆市的农业综合开发财政投入补助资金股权化改革是指将农业开发财政补助资金（对农民直接补贴、土地整治、公益性基础设施建设、家庭农场补助、贷款贴息补助项目除外）交由农业企业、农民专业合作社及涉及土地流转的农户和集体经济组织持股的新型支农财政资金投入方式。农村集体经济组织及其成员所持股份视同优先股，成员之间可以转让，每年实行固定分红，分红时限为项目存续期。农户不参与项目的经营管理。约定存续期内，农村集体经济组织及成员不得要求退股。集体经济组织分红收益只能用于农村公益事业。项目到期后，农业企业按原值赎回农村集体经济组织及其成员所持股份。

2. 重庆市农业综合开发财政投入补助资金股权化改革利益主体及收益分配

1）股权化改革的利益主体

从农业综合开发财政投入补助资金股权化改革产业化项目的实施程序来看，整个过程的参与主体包括土地流转户、农村集体经济组织、农业企业主、农民专业合作社、乡镇政府、区县农业主管部门、区县财政主管部门、区县政府、市农业委员会、市财政局等。而在股权化改革中，涉及的核心权益主体主要包括农民（农民个体和农村集体经济组织）、政府、农业企业（或农民专业合作社）三大主体。农民是股权化改革的股权分享者，向农业企业流转土地，在企业中享受财政补助资金的持股分红权益，但不参与企业的经营管理工作；政府是股权化改革的政策制定者和服务者，为股权化改革的运行提供必要的条件，保障股权化改革公正合理、规范有序地进行；农业企业或农民专业合作社是财政资金补助的直接接受者和使用者，作为国家财政资金放大器、增强器，发挥国家财政资金与农民利益联结的桥梁、纽带作用，带动实现农业增效、农民增收。

2）股权化改革的收益分配

投入农业企业补助项目（对农民直接补贴、土地整治、公益性基础设施建设、家庭农场补助、货款贴息补助项目除外）的财政资金，农业企业持股不高于50%，涉及土地流转的农民和集体经济组织持股50%以上，其中农村集体经济组织持股10%，农民持股不低于40%。投入农民合作社补助项目的财政资金，农村集体经济组织持股10%，合作社领办者持股不超过30%，其余成员持股不少于60%。农村集体经济组织及其成员持有农业企业股权部分，成员内部之间可以转让。农村集体经济组织及其成员持有股份视同优先股，不参与实施项目的经营管理。

农村集体经济组织及其成员每年按持股金额5%～10%的标准实行固定分红（具体比例由双方约定）。分红时间从财政补助资金到位时间起，以整年度计算。分红时限为项目存续期，兑现情况需公示。农村集体经济组织持有部分分红收益用于农村公益事业、村内扶贫，或对集体经济组织全部成员进行二次分配。

7.3　农业综合开发财政投入补助项目促进农民土地财产性收入增长的案例

7.3.1　重庆市永川区股权化改革项目与农民土地财产性收入增长

永川区地处四川盆地东南丘陵地带，位于重庆市区西部，长江上游北岸，地处东经105°37′38″～106°05′07″、北纬28°56′16″～29°34′30″；东邻江津区，东北靠璧山区，北接铜梁区，西接荣昌区，南与四川合江县、泸县接壤，辖区面积1575.68平方千米。2016年，永川区实现地区生产总值636.2亿元，人均生产总值57 117元。城乡居民人均可支配收入分别为30 903元、15 258元；三次产业结构为8.1∶56.3∶35.6；常住人口城镇化率为66.4%。

永川区农业综合开发财政补助资金股权化改革（简称股权化改革）始于2014年国家农业综合开发办公室在永川区立项实施的国家农业综合开发现代农业园区试点项目。该试点项目的申报要求中明确规定在产业化龙头企业项目中必须有农民或农民专业合作社持股分红。永川区农业综合开发办公室（简称农综办）结合该区实际情况，规定凡财政补助资金100万元（含）以上的单个农业项目（对农民直接补贴、土地整治、基础设施建设、农机购置补贴、贷款贴息补助项目除外），均纳入农业项目财政补贴资金持股分红试点，试点对象为涉及农村土地流转的农业企业，目前实施范围已从3个市级园区扩大到全区所有镇街。

2014年永川区股权化改革财政补助共计1560万元，包括2个项目，5家企业，涉及农户469户，流转土地面积994.28亩。农民和农村集体经济组织按财政资金30%持股，按持股金额的7%固定分红，分红金额为32.76万元。2015年，永川区将2014年称为“持股分红”的政策更名为“财政补助项目股权化改革”，并调整了持股分红的比例，农民和集体经济组织按照财政资金投入的50%持股，按持股金额的5%进行固定分红。2015年永川区股权化改革财政投入补助共计仍为1560万元，涉及3个项目，5家企业，农民和农村集体经济组织持股780万元，分红金额为39万元。2016年的持股办法和分红方式与2015年一致，股权化改革财政补助共计1200万元，农民和农村集体经济组织持股600万元，固定分红金额为30万元。

国家农业综合开发现代农业园区试点项目期限为2014~2016年，三年共计投入财政补助资金4320万元，包括5个项目，涉及11家企业，4个镇街、8个村、32个社，1572户农户，涉及土地流转面积3218亩，三年后农民和集体经济组织在企业持股金额为1848万元，三年共分红101.76万元（表7-1）。

表7-1　2014~2016年永川区现代农业园区试点项目持股分红一览表

项目名称		永川区1900吨食用菌工厂化栽培和流通基地新建项目	永川区120吨绿色干制食用菌生产基地扩建项目	永川区4000吨食用菌生产示范基地改扩建项目	永川区1200吨林下食用菌基地改建项目	永川区800亩特色水产品养殖示范基地改扩建项目	合计
财政投资（万元）		1500.00	540.00	1200.00	540.00	540.00	4320.00
土地流转面积（亩）		707.30	286.98	1118.78	543.51	561.43	3218.00
涉及农户（户）		343	126	603	180	320	1572
持股金额（万元）	农民	327.60	97.20	360.00	162.00	162.00	1108.80
	集体	218.40	64.80	240.00	108.00	108.00	739.20
分红金额（万元）	农民	20.05	6.80	18.00	8.10	8.10	61.05
	集体	13.37	4.54	12.00	5.40	5.40	40.71
项目所在镇街		何埂、五间	仙龙、五间	何埂、五间	何埂、南大街	何埂	—

资料来源：重庆市永川区农业开发综合办公室

7.3.2　重庆市渝北区产业化补助“拨改投”项目与农民土地财产性收入增长

渝北区位于重庆市主城区东北部，长江北岸与嘉陵江东岸，地处东经 106°27′30″～106°57′58″，北纬 29°34′45″～30°07′22″，辖区面积 1452 平方千米。2016 年末全区常住人口 160.25 万人，其中城镇常住人口 128.58 万人，城镇化率 80.24%。2016 年末户籍总人口 125.16 万人，其中非农业人口 89.08 万人，农业人口 36.08 万人。2016 年实现农业总产值 45.24 亿元，农村居民人均可支配收入 15 074 元。

渝北区在 2015 年、2016 年实施了“拨改投”项目，项目落地区域的农民按照财政投入资金的 49% 在企业中享有股份，农民每年从业主处得到财政资金 4.9% 的固定分红，分红期限为 10 年；另外农民还可享受土地流转金和进入企业务工的工资收入。

（1）农业综合开发财政投入补助项目中企业与农民的利益联结。重庆望梅农业发展有限公司（简称望梅公司）位于重庆市渝北区兴隆镇牛皇村，投资 2000 万元，于 2004 年成立。公司目前建设了一个杨梅种植基地、一个杨梅种植专业合作社和一个杨梅加工厂，并分为杨梅种植基地、加工基地和第三产业服务综合体三个股份制运营板块。公司主营业务包括杨梅的种植、采摘、酿制、加工、销售和休闲观光。目前合作社经营状况良好，杨梅种植基地已经达到丰产状态，加工板块正在试生产，第三产业服务综合体进入正式运营状态。

2009 年，望梅公司在渝北区兴隆镇牵头成立了重庆南天门杨梅加工股份合作社，农民以土地折价入股的方式成为合作社成员。重庆南天门杨梅加工股份合作社是重庆市第一家农民土地入股的专业股份合作社，成立时入社成员 208 户，后增加到 210 户；入股土地面积共 610 亩。农户土地入股占合作社杨梅种植基地板块股份的 49%，入股农户采取保底分红的方式，每亩地保底分红金额为 225 千克玉米折合的当年的市场价。除杨梅种植基地外，在杨梅加工基地板块和第三产业服务综合体板块，农民均无直接投入，但以财政投入补助的 49% 持股。2015 年，合作社获财政投入补助 100 万元，业主自投 500 万元，建设杨梅加工基地，农民持股财政投入资金的 49%，即 49 万元；2016 年，合作社获 300 万元财政补助资金，企业自投 200 万元，建立第三产业服务综合体，该板块农民持股 147 万元。

在合作社的第一板块，即杨梅种植板块中，农民以土地折价入股，享有 49% 股份，由于杨梅树需要至少五年才能有产出效益，在前五年中农民不享受杨梅收益的分红待遇，但享受每年每亩地225千克玉米折合为当年市场价后的基本保底收入。另外，农民除享受保底租金和分红外，还可在企业务工，获得务工收入，农户年均年收入可达1万元以上。

（2）企业+农户的农业综合开发项目促进农民收入增长机制。调研发现，农业综合开发财政投入补助项目在渝北区促进农民收入增长主要体现在四个方面。第一，农业产业化项目通过扶持企业发展特色产业，由传统作物种植逐渐向特色农产品培育升级，由传统生产农产品单一功能逐步向生产农产品、提供农业观光体验等多功能转变，促进了当地农业的转型升级。第二，财政投入补助项目有利于增加农民收入，农民通过股份分红、流转土地和进入农业企业务工，增加了收入渠道，获得了更多收入。第三，土地整治项目的实施减轻了耕地撂荒现象，在存在土地撂荒现象的区域实施土地整治项目后，引入新型农业经营主体（如农民专业合作社），农民以土地折价入股，分享收益。第四，改善了农民生产生活条件，田间道、生产道路等的修建使农民生产生活更加便利。

7.3.3 重庆市云阳县农业综合开发财政投入补助项目与农民土地财产性收入增长

云阳县位于三峡库区腹心地带，东邻奉节县，西接万州区，南连湖北省利川市，北接巫溪县、开州区，位于东经108°24′32″～109°14′51″、北纬30°35′06″～31°26′36″。2016年末常住人口91.28万人，其中，城镇人口37.25万人，农村人口54.03万人，城镇化率40.81%。2016年，云阳县地区生产总值213.1亿元，全县实现农业增加值45.5亿元，农村居民人均可支配收入9982元。

1. 云阳县农业综合开发财政补助项目情况

云阳县农业综合开发财政补助项目包括土地整治项目和股权化改革产业化项目。土地整治项目财政补助大部分用于山、水、田、林、路等基础设施配套。由政府投资建设，工程实施完毕后交由村社使用。项目资金以政府补助为主，政府补助和农民自筹比例为10∶1，2016年财政投入资金达2000万元。土地整治项目取得了一定的效益，在一定程度上改善了生产条件，提高了机械化程度，方便了农民的生活。特别是整治后流转出去的土地，产生了良好的经济效益，提高了农民的收入。云阳县作为重庆市首批实施财政补助资金股权化改革三个试点区县之一，在2015年7月开始启动农业项目财政补助资金股权化改革试点工作。按要求全县所有扶贫产业项目资金都必须实施股权化改革。

2. 股权化改革产业化项目运行模式

现阶段有四种运行模式：①农业企业+集体+农户+贫困户，按照 5∶1∶2∶2 的比例持股，每年固定分红；②合作社（原有）+集体+农户+贫困户，按照 4∶1∶3∶2 的比例持股，每年固定分红；③合作社（由村委会牵头新组建新项目）+集体+农户+贫困户，按照 4∶1∶3∶2 的比例持股，产生效益之后再分红；④股份合作社+集体+农户+贫困户，按照股份合作社经营方式，农民以土地、资金、技术等入股，按入股比例持股，分红方案按照股份制合作社方式实施。股权化改革项目集体和农户持股但不参与企业管理。集体分红收益用于集体公益性事业或扶贫事业。

3. 农业综合开发与农民利益联结促进农民收入增长的主要成效

第一，农民和村集体经济组织增收有了新途径。实施股权化改革试点后，流转土地的农民和所在地村集体经济组织持有股份，每年按持股比例以合同约定的收益固定分红，既让农民公平共享公共财政支农成果，又加快农村贫困人口脱贫致富。2015 年，从高山生态扶贫搬迁安置点产业配套资金中安排试点资金 100 万元，选择了重庆千庄农业有限公司、云阳县鑫焘菊花种植股份合作社和上坝巾帼辣椒专业合作社开展股权化改革首批试点，其中重庆千庄农业有限公司 60 万元，云阳县鑫焘菊花种植股份合作社和上坝巾帼辣椒专业合作社各 20 万元。将财政投入资金部分量化到农村集体经济组织及成员，3 个项目业主持股 39.6 万元，3 个集体经济组织持股 20 万元，138 户农户持股 40.4 万元，其中贫困户 19 户，持股 9.27 万元。2016 年底，均实现了首次分红，项目涉及的 3 个集体分得 14 000 元，138 户土地流转农户共分得 28 389 元，农户一户最高分红 570 元。

2016 年，开始在全县贫困村推进农业项目财政补助资金股权化改革，涉及 39 个乡镇（街道），涉及财政补助资金 5231.54 万元，其中农业产业化项目资金 3990.14 万元，扶贫产业项目资金 1140 万元，乡镇自筹项目资金 101.4 万元。涉及农业企业 38 个，农民专业合作社 94 个，其他经营业主 4 个。136 个项目持股 1918.34 万元，119 个集体经济组织持股 655.22 万元，12 624 户农户持股 2657.98 万元，其中贫困户 4106 户，持股 1163.7 万元。例如，凤鸣镇锦屏村实行股权化改革试点后，每年村集体经济组织可分得股份红利 8400 元，土地流转农户和贫困户可分得股份红利 12 600 元，加上土地流转租金和在园区务工的收入，每户每年可增收 1000 元左右。

第二，企业与村集体、农民利益联结更紧密。探索建立企业与农村集体经济组织及成员更加紧密的利益联结机制。通过联结各方利益，企业更有责任意识和回馈思想，在发展自身的同时更加注重回报乡民；村社和农民也更加积极地支持企业生产经营。企业发展更有保障，村社与企业、农户与企业关系更为融洽。村社集体持股分红解决了“无钱办事”的难题，所得资金既可向社员进行再分配，也可用于改善基础设施。

7.4 农业综合开发促进农民土地财产性收入增长的制约因素及改进措施

7.4.1 农业综合开发财政投入促进农民土地财产性收入增长的制约因素

（1）传统农业综合开发财政补助投入方式对农民土地财产性收入促进作用小。传统农业综合开发财政补助项目资金投入到土地整治项目中，通过基础设施建设，改善土地的生产条件，从而提高农民土地对农业企业等新型农业经营主体的吸引力；传统农业综合开发财政补助资金投入到产业化项目中，直接无偿补助给农业企业或农民专业合作社，提高了企业和合作社扩大生产的积极性，从而增大了其流转农民土地的需求。以上两种方式都在一定程度上增加了农民获得土地流转租金的可能性，但这种促进作用是间接而微弱的，不能卓有成效地提高农民的土地财产性收入。

（2）财政资金分配有待优化。一方面，财政资金在项目分配上不合理。产业化项目是拉动农村经济增长，实现农村第一、第二、第三产融合，促进农民增收的有效途径。目前，重庆市主要在农业综合开发财政投入补助产业化项目中开展股权化改革，而在农业综合开发财政投入总资金中，产业化项目比例不到20%。具体到每个项目及每个农户，所得财政投入补助资金更少，以重庆市永川全区为例，2014～2016年试点涉及农户每年户均分红不到130元，涉及的村集体经济组织平均每年分红仅4200元左右，能够通过股权化改革项目获得股份分红、实现土地财产性收入的农民（包括土地流转户和农村集体经济组织）数量有限，所得收入也有限。

另一方面，财政资金在地区分配上不合理。目前财政资金的投入没有体现地区差异，仅依据项目类别确定资金投入量，而没有考虑地区经济社会发展实力，对于偏远贫困地区扶持力度不够。偏远贫困村资源禀赋条件差，社会经济发展滞后，劳动力不足，难以吸引优质企业主落地发展。有的地区即使有较好的项目发展条件，但受地理位置、基础设施、文化水平等限制，特色产业启动困难，发展面临较大障碍。

(3) 股权分红期限不明确，持股比例及退股股金计价方式有待完善。现行实施方案只规定了项目存续期的下限（一般不低于 5 年），未规定上限。在项目的存续期内，参与分红的农民及农村集体经济组织除了在项目立项之初有先期财政投入之外，后期再无任何投入，而项目业主需要维持项目的正常运转，后期可能会不断追加投入，导致后期投资结构与分红初期的股本结构有较大出入。不规定分红期限上限，会影响项目业主后期投资的积极性，阻碍企业更新设备，扩大生产。

目前的利益分配，土地流转户除了能获取土地流转租金，还能按土地流转面积的比例持股分红。与集体经济组织相比，流转户持有大部分股份，财政投入股份集中在少部分土地流转户手中，集体所得的少部分收益用于集体公益性事业建设效果不明显，不能惠及大多数农户。在离主城较远、发展相对落后的区县，农村土地流转相对困难，区位条件好、相对富裕的农户土地更容易流转，而离公路和城镇较远、相对贫困的农户土地难以流转，目前的持股方式可能拉大村域农户间的贫富差距，滋生农户间的矛盾。另外，在实行建卡贫困户单独持股的问题上，部分区县采用切块的方式，贫困户按固定比例持股分红，不能适应贫困户人数的动态变化，不能满足农村发展和集体经济建设的需求。

现行方案规定项目到期后，农业企业按原值赎回集体经济组织及其成员所持股份，这对于后期需要更新设备、扩大生产规模的企业来说压力较大。大多数农业生产设施、设备使用年期较短，需要定期维修，甚至重购，而前期投入到地上的农业设施已经形成了地上附着物，无法或很难从土地上分离出来。前期的农业投入在存续期到期时大部分无法变现，这一部分损失只能由企业承担，到期后要求企业按照原值退还股金会对企业造成巨大压力。

(4) 企业进入门槛较高，初期发展压力大。一是新建项目在建设初期需要进行基础设施建设投入（包括土地平整、路沟渠建设等）。基础设施建设投入大，建设周期长，消耗了企业大量的人力、物力、财力，新建项目在发展初期面临基础设施建设和生产建设的双重压力，起步困难。二是企业自筹资金比例高。农业企业申报的项目，要求其自筹资金不低于财政补助资金的一半，自筹资金全部到位、财政资金实际使用过半以后，拨付财政投入资金的一半，项目全部完工验收之后拨付全款。对于企业而言，在发展初期除了自筹资金还需要垫付财政投入至少一半的资金。由于农业开发项目前期投入大，投资回收期长，利润低，农业投资所形成资产短期难以回收，企业主申报项目的积极性受挫。即使企业有能力承担自筹资金和前期投入资金，也往往导致其后期资金困难，可持续发展受到影响。三是分红方式不利于部分企业前期发展。目前重庆市各区县均采取每年固定分红的方式，操作简单，可规避农企双方因分红比例变化导致的矛盾，对投资见效快，经营状况良好的企业而言，这种方式可操作性更强。但是，农业综合开发项目建设周期短则1～2年，长则4～5年，对前期迈步比较大，投入资金较多，项目见效缓慢的企业而言，这种分红方式在企业运行初期存在较大压力，支付红利有一定的难度。

7.4.2 农业综合开发财政投入补助促进农民土地财产性收入增长的完善建议

1. 整合涉农财政资金，优化分红方式

整合各级、各部门支农、惠农财政资金，充分发挥农业综合开发财政补助及其他涉农资金撬动社会资本的杠杆作用，依托项目，发挥优势，搭建农业基础设施建设和农村产业经济发展资金整合平台，引导和带动各类涉农资金集中投放于项目区，实施全方位开发建设，大幅提高项目建设规模和效益，做大做强农业开发，扶持出若干具有相当规模效应的农业主导产业，并逐步形成多元化、多层次、多渠道的农业综合开发投入格局。

根据不同农业产业的差异性和特殊性，评估农业企业项目效益回收所需的发展年限，从而规定农业综合开发财政补助资金股权化改革项目分红的起点年限、期限以及分红方式和比例。例如，分红期限相对较短的项目，可适当提高分红比例，反之，则可以采取相对较低的分红比例。在一般采用固定分红方式的原则上，可适当创新分红方式，对于前期投入资金大、见效慢的项目（如农业旅游类项目），经三分之二及以上持股农民和农村集体经济组织同意，可以采用前小后大的分红方式，如前两年5%，后三年8%等方式。

2. 优化持股比例和股金退出机制

针对区域社会经济发展状况、项目所在村公共基础设施建设情况和农户区位条件差异及贫富差距等优化农业企业、专业合作社、农户、农村集体经济组织等各利益主体的持股比例。对于农户区位条件差异较大、农户贫富差距较大的区域，可适度减少土地流转农户持股比例，增加农村集体经济组织持股比例，将集体经济组织持股分红部分二次分配，用于扶持贫困户和建设集体公共事业。既体现国家对贫困户的帮扶、对土地流转农民的支持，也兼顾广大农户的利益，同时，也增强农村集体经济组织的财力，强化农村集体经济组织建设，从而达到缩小村域贫富差距、促进村域协调发展的效果。

在约定分红期限内，原则上项目业主和农民、农村集体经济组织双方均不能申请退出。若因经营不善，主动提出退出的项目业主应在原值赎回农村集体经济组织及其成员所持股份的基础上，适度赔偿农民和农村集体经济组织损失。到达项目约定分红期后，项目业主可随时提出退出申请，且只需原值赎回农村集体经济组织及其成员所持股份。农民和农村集体经济组织成员在分红约定期限后，经协商一致也可以提出退出申请，但要给企业主预留一定的时间，业主应尊重农户和集体经济组织意愿，按原值赎回农村集体经济组织及其成员所持股份，终止项目。对于项目存续期较长的企业，在退出时可以适当降低赎回农民和农村集体经济组织所持股份的比例。

3. 适度降低企业自筹比例，提高管理水平

对于中小型企业及贫困地区企业应适度降低自筹比例，加大财政的扶持力度，增加股权化改革对企业的吸引力，降低企业"夭折"的风险，确保企业能够平稳起步。另立专项资金进行基础设施建设，利用专项资金进行土地平整和路沟渠等基础设施建设，为新建项目提供良好的发展环境。减少新建项目对于基础设施的投入，为企业生产性投入留足资金，让企业资本和财政投入落实到保证项目建设和生产发展的需求上，促进企业的稳定发展。

帮助和督促农业企业、专业合作社、专业大户等农业经营主体完善其运营体制，对项目的规划、实施和财务管理等方面提出规范，要求设置专管部门或专管人员，建立健全管理规章制度和财务规章制度，提高其管理的现代化水平。与此同时，大力培育农民专业合作社，并加强对其的指导和引导，提高农民专业合作社的经营水平和抗御市场风险的能力。管理部门在审批农业综合开发财政补助资金项目申请时，将经营主体的管理规范水平作为考核条件之一，确保资金的安全有效使用和项目的平稳推进与顺利实施。

第 8 章　土地征收中农民土地财产性收入实现

8.1　土地征收中农民土地财产性收入的定义及类型

8.1.1　土地征收中农民土地财产性收入的定义

在我国二元土地制度框架下，征地补偿收入是农民获得土地财产性收入的主要途径。根据《中华人民共和国土地管理法》第二条，“国家为了公共利益的需要，可以依法对土地实行征收或征用并给予补偿”；《中华人民共和国土地管理法》第四十七条规定，“征收耕地的补偿费用包括土地补偿费、安置补助费以及地上附着物和青苗补助费”。根据《国务院关于深化改革严格土地管理的决定》(国发〔2004〕28 号文) 的要求，目前我国大部分地区征地补偿采用征地区片综合地价或统一年产值标准。由以上规定可知，征地补偿既包括农民失去土地财产获得的补偿，也包括农民失去生产资料的安置补助，还包括对土地的投入未收回所造成的损失的补偿。

这些收益都与土地财产有关，但仅有土地征收补偿为农民获得的土地财产性收入，其具有如下特征：①补偿的强制性。征地是国家为了公共利益需要，依法将集体所有的土地转变为国有土地的强制手段，农民获得的征地补偿也同样具有强制性。这里的强制性是指法律规定必须补偿，与被迫失去土地财产相伴生。②补偿标准的准市场性。尽管征地补偿是建立在强制基础上的，但鉴于补偿标准高于现有农业用途价格，可以理解为一定程度上的市场购买价格；但尚未达到完全由市场供求决定，基本属于政府定价，是市场价格的基础，但还不是市场价格，因此是一种准市场价格。③收入主体的特殊性。土地征收是经济社会发展难以避免的现象。对征地过程中农民土地财产性收入是否达到农民满意度存在较多关注，是因为征地过程不仅使土地利用方式发生了转变，更为重要的是依附在土地上的农民的身份、就业和社会生活环境发生了巨大的转变。农民在失去土地、获得一定的补偿之后，面临着农民和市民身份之间的转换、适应等问题。由于土地对于农民而言是赖以生存的资源，一旦失去土地，意味着生产资料也随之失去。因此，对于收入主体而言，一次性获得征地补偿之后，长久的生计与已经失去的被征土地已经没有关系。

征地过程体现了土地权利在不同主体之间的转移，具体体现为土地所有权、使用权、发展权等权利由农民和集体等供给方提供给以政府为代表的需求方，供给方放弃了土地所有权、使用权及发展权，需求方为了获得这些权利支付了资金，即给农民进行补偿。这些补偿收益直接来源于土地财产权利，是土地财产价值的价格化。由于土地财产权利通过交易能够带来收益，农民作为集体经济组织成员和农村集体土地的使用权人，这些财产性收入必然为农民享有。尽管由于农民和集体的权属划分、增值收益分配的城市取向等各种原因，农民并没有享有集体土地用途转换所带来的全部增值收入，但这部分直观、直接的收入构成当前农民土地财产性收入的主要来源。

8.1.2　土地征收中农民土地财产性收入的类型

在我国土地征收中，农民获得的土地财产性收入可以区分为补偿性收入和分享性收入两种类型。前者指失去全部土地财产或土地的全部产权能获得的补偿收入；后者指征地过程中，把土地补偿由资金补偿变成农民保留部分土地财产或土地财产的部分权能（即留地安置），作为分享未来土地收入的一种方式。

土地征收中农民土地财产的分享性收入，就是指征地过程中农民所获得的实物补偿而非资金型补偿，是农民土地财产性收入的另一种体现方式。考虑到土地要素对于农民的重要性，一些地区为了确保农民的长久生活保障以及对土地增值收益的分享，探索了通过共享部分土地权利实现持久收入的方法，如留地安置。该类型的收入不属于当前土地征收补偿的直接补偿类型，而是通过鼓励和扶持农民兴办企业经营部分被征收土地，或由于土地被征收，允许农民将部分农用地转为建设用地进行经营以获取的长久性收入。因此，可以认为留地安置中，除去经营、投资等因素，其中由于土地使用权利带来的收入，即为土地征收过程中的农民土地财产性实物收入。

留地安置的具体做法各地略有差别，多数省份按照用地比例进行分配，平均为10%～15%，主要用于工业和商业，具体包括商场、宾馆、农贸市场、标准厂房建设及出租等，且主要集中于城乡接合部等市场发展相对熟化区域。留地安置是在法律规定的农民征地补偿收入以外，以实物形式实现的农民土地财产性收入。相比于货币形式的直接收入，实物形式的财产性收入在保障农民长久生计方面有一定积极意义，对于缓解征地矛盾也起到了积极作用。但由于留用地开发等现实困难，留用地补偿也在向货币化、留房、留物业、留产业等方式转变（唐健等，2014b）。

8.2 土地征收中的土地财产增值及财产性收入实现机制

8.2.1 土地征收中的土地财产增值机制及过程

土地增值是指土地开发或交易过程中表现出来的土地价格的增加值，可以表现为土地价格的增加或者地租的增加（朱道林，2017）。土地增值是社会、经济、政治、文化等诸多因素综合作用的结果，增值形成的动力机制主要涉及需求拉动、投资驱动、用途转换、外部辐射四个方面（杨庆媛，2002）(图 8-1)。其中，需求拉动促使土地利用边际扩展，导致原来无收益的土地产生收益，低收益的土地提高收益，高收益的土地获得更多的回报，从而使地价不断上涨。这种增值实质上来自于土地资源的稀缺性。投资驱动是指人们不断地对宗地进行投资，诸如“三通一平”“五通一平”之类的开发或对熟地进行再开发，促使土地的劳动价值量增加。尤其是在投资较多的土地与其他未曾增加或增加较少土地资本投资的土地之间，会拉开投资效率的差距，产生更多的级差地租Ⅱ。当投资水平和供求状况不变，同一宗地由低收益用途转为高收益用途时，由于收益水平的提高，地价也会相应上升，这就是用途性增值，即用途转换增值。土地资源投入使用后做何种用途，受到自然、经济、社会、文化等多种因素的制约，同时也使改变其利用方式成为可能。

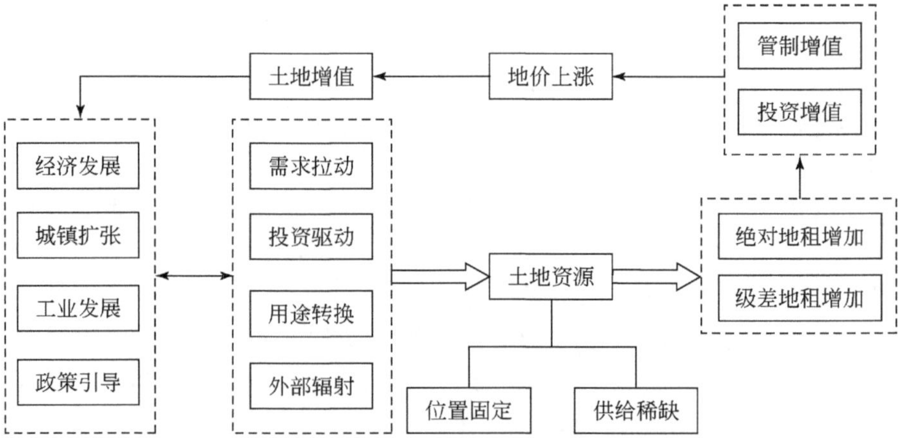

图 8-1　土地财产增值的动力机制

资料来源：杨庆媛，2002

在我国土地管理制度框架体系下，农用地转换为建设用地或土地的乡城转换中，经过征收—出让—开发三个环节，相应产生土地增值Ⅰ、土地增值Ⅱ、土地增值Ⅲ三次核心增值（朱道林，2017），增值过程如图 8-2 所示。在土地乡城转换的征收环节，政府将集体土地所有权和使用权征收为国家所有，集体和农民获得一定补偿，在此过程中，因集体土地产权转移和用途转换而产生的土地价格的增加即为土地增值Ⅰ。

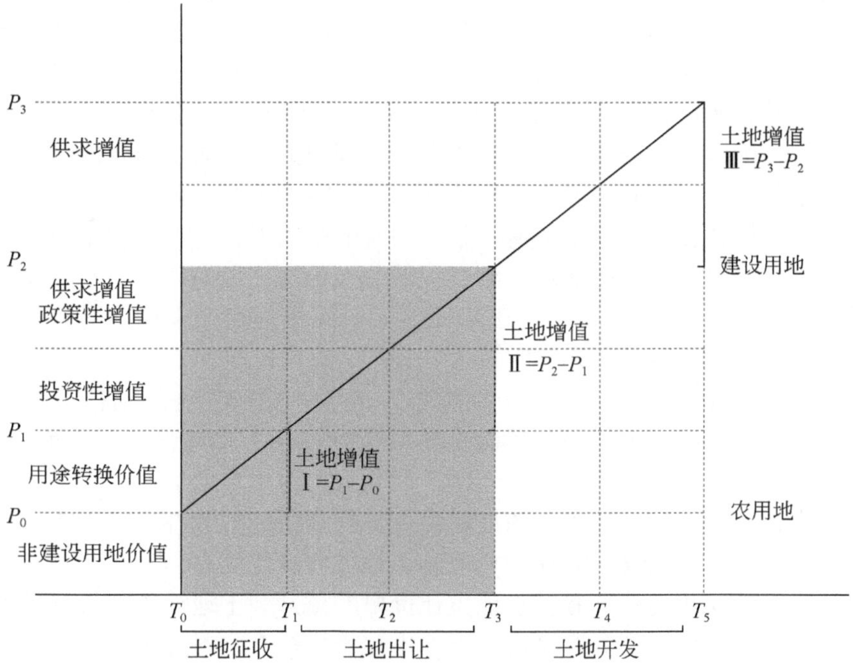

图 8-2　土地征收中的土地增值形成过程

注：根据朱道林（2017）绘制

土地征收环节形成的土地增值Ⅰ主要来自于用途转换增值，即集体土地被征收前作为非建设用地使用的价值与其被征收获取的征地补偿之间的价格差异。仅仅通过征收并不能完全实现集体土地由非建设用地向建设用地的转换，还需要政府进行前期基础设施建设，并最终经过土地开发形成建设用地。因此，土地征收环节，土地财产性增值机制中的投资驱动、需求拉动、政策驱动等作用机制并不明显，而主要体现为用途转换增值。

8.2.2　土地征收中农民土地财产性收入的实现机制

（1）土地征收中农民土地财产性收入来源于土地增值Ⅰ。前面提到，土地征收环节形成的土地增值Ⅰ主要来自于用途转换增值，即集体土地被征收前作为非建设用地使用的价值与其被征收获取的征地补偿之间的价格差异。从收入视角来看，土地征收过程中农民土地财产性收入即来源于土地增值Ⅰ。征地而引发的社会冲突矛盾主要都集中在征地补偿标准过低，农民土地财产收益受损。而其中的核心又体现为土地出让带来的土地增值收益没有充分在农民中进行分享。究其原因，是由于对土地增值Ⅰ的标准量化还有待规范和完善。特别是，对土地用途转换产生的增值计算不合理，土地征收补偿标准的提升慢于农用地价值转换产生的价值提升。而这一价值扭曲的根源，来源于我国征地制度安排的城市倾向（谭术魁和王斯亮，2013）。不可否认的是，在过去我国征地不规范、补偿标准低的阶段和地区，确因征地补偿标准导致了大量的征地拆迁矛盾。但是应当看到，近年来，征地制度也在不断完善，各地的征地补偿标准也有显著提高。与过去抗拒征地的现象相反，在巨大的土地财产收益利益的驱动下，各地出现了盼望征地的现象。特别是在经济发达的地区，相当一部分人盼望征地的现象也明显展现（金细簪等，2015）。土地增值Ⅰ已经逐步凸显了农民土地财产权益，也是当前农民土地财产性收入的主要来源。

（2）土地增值Ⅱ提升会增加土地增值Ⅰ的收入空间。土地增值Ⅱ是经土地征收、出让后形成的土地增值。尽管由于政策性增值、供求性增值等因素影响，土地增值Ⅱ并不直接表现为农民土地财产性收入，但土地增值Ⅱ的提升会为土地增值Ⅰ带来提升的空间。从各地的征地出让价格和土地征收补偿标准来看，土地出让价格高的地区，也直接表现为相应的土地征收补偿更高。

但从二者的变化趋势来看，土地出让价格的提升和土地征收补偿标准的提升并不同步，土地补偿标准提升滞后于土地出让价格提升。通过土地出让价格中农用地转让市场价值与土地征收补偿之间的对比发现，土地出让价格扭曲大的地区，即土地出让价格中农用地转让价值与土地征收补偿之间差异大的地区，一般都出现在经济发达的东部地区。2005～2011年的数据分析表明，征地价格扭曲程度与经济发展水平梯度相吻合（谭术魁和王斯亮，2013）。

因此，可以认为，土地增值Ⅱ的提升会增加土地增值Ⅰ的收入空间，但二者的增加应当同步协调。如果出现土地增值Ⅰ的增长滞后，将损害农民土地财产性收入。

8.3 土地征收中农民土地财产性收入增长的现实困境

8.3.1 土地发展权的丧失

实行农用地转用权的管制，土地由政府统一征收，按照被征收土地的原用途给予补偿，这实质上是事先管制了农地转用的价格（周其仁，2004）。城镇国有建设用地在旧城拆迁改造中已经参照公平市场价值进行完全补偿，而在农用地征收中只能按照“被征地者生活水平不降低”的标准进行补偿（王小映，2007）。可见，在城镇土地转用过程中，土地原使用权人可以获得土地的增值收益，而农民却无法从土地转用中获得土地发展权的收益。

现行征地补偿制度在具体实施过程中，仅强调土地发展权归公，没有做到由全社会、特别是由农民来共同分享土地发展权收益，忽视土地增值收益的分配问题，这种征地行为造成了对农民土地发展权的侵害。在征地补偿制度中，农民作为重要的参与者，必须满足参与约束条件。农民的参与约束条件为 $f-u>0$。其中，f 为农民实际获得的征地补偿费，u 为农民对征地补偿费的期望值，即农民放弃土地时，根据自己当前消费水平以及未来可能的生活成本，对征地补偿费的期望补偿值。农民对征地补偿费的期望值实质上与农民的消费函数 c 相关。根据消费理论，消费与收入的关系可以表示为 $c=c(g)$，其中 g 为收入，对农民而言就是土地年产值。而根据相对收入消费理论和永久收入理论，农民会根据自己过去的消费习惯、未来可能的生活成本以及周围的消费水准来决定其自身的消费水平，从而影响对征地补偿费的期望值 u。因此，农民过去的消费水平由农地年产值 $g_{农}$决定，未来可能的生活成本和周围城市化后的消费水平则由非农用地年产值 $g_{非农}$决定。设 p 为农地向非农用地转移的可能性，农民对征地补偿费的期望值 u 可以表示为

$$u=(1-p)\cdot c(g_{农})+p\cdot c(g_{非农})=u(g_{农},g_{非农})$$

根据现行的《中华人民共和国土地管理法》的相关规定，仅考虑以土地原用途给予补偿，采用农用地年产值倍数法计算征地补偿费用 $f=f(g_{农})$。相对于迅速增长的 $g_{非农}$，$g_{农}$的增长缓慢，甚至基本不变。随着非农用地年产值 $g_{非农}$ 不断增长，农民对征地补偿费的期望值 u 不断提高，而因农用地年产值 $g_{农}$ 基本不变，征地补偿费 f 也基本不变，所以当非农用地年产值 $g_{非农}$ 增长到一定程度时，必然导致 $f(g_{农})-u(g_{农},g_{非农})<0$，此时原征地补偿制度已不能满足农民的参与约束条件，征地过程也就成为冲突不断的过程。

8.3.2　地方政府征地寻租

在原征地补偿制度的设计中实际上存在这样一个假定，即地方政府不存在道德风险，具有完全的信息，只要追求归公的发展权收益最大化，就自然实现了归公的发展权收益由全社会共享的目标。实际上，各地方政府土地利用的政策目标应该包括以下两方面：其一，促进经济发展，追求土地最大的经济效益；其二，

兼顾包括农民在内的各方土地权益人的利益以及土地利用的社会效益。这种政策目标可以近似地表达为：在兼顾农民对征地补偿费用期望值的约束条件下，追求政府土地利用收益的最大化。

$$\mathrm{Max}P=Y-f$$

$$\mathrm{s.\,t.}\ f=u$$

式中，地方政府土地收益 P 指的是支付农民征地补偿费后的土地收益，即 $P=Y-f$，其中 Y 为政府出让土地的收益。土地收益与土地年产值相关，即 $Y=Y(g)=Y(g_{非农})$。单纯考虑土地原用途，以农用地年产值倍数计算征地补偿费用 f，即 $f=f(g_{非农})$，最大化政府土地收益可以表示为

$$\mathrm{Max}P=Y(g_{非农})-f$$

$$\mathrm{s.\,t.}\ f=f(g_{非农})$$

即 $\mathrm{Max}P=Y(g_{非农})-f(g_{农})$。相对于 $g_{非农}$ 而言，$g_{农}$ 增长较缓慢，所以，仅考虑 $g_{非农}$ 的变化，当 $P'(g_{非农})=Y'(g_{非农})=0$ 时，政府的土地收益最大。可见，在以农地年产值倍数计算征地补偿费用条件下，最大化政府土地收益 P 实际上转变为最大化政府出让的收益 Y。由于土地出让收益 Y 的分配制度不健全，在道德风险和不完全信息的作用下，最大化政府出让土地的收益 Y 得不到有效监督，因而形成了最大化的权力寻租金额和机会，即形成了政府制度性寻租（沈飞等，2004）。

8.3.3 非均衡的土地市场形成

现行的土地征收制度形成了非均衡的土地市场，妨碍了市场机制对土地资源的配置。这主要反映在以下几个方面：第一，农民对征地补偿费的期望值 u 无法影响征收补偿的金额，即农民对征地补偿费的期望值增大，而征地补偿费却不能提高，因此造成了土地初级市场的非均衡；第二，是权力租金而非土地产权的权利租金刺激农地转向工业城市用地，激励各地方行政主体竞相成为经营城市土地的牟利组织（周其仁，2004），造成土地二级市场的非均衡；第三，过低的补偿标准不仅造成土地市场的失衡，也带来社会福利的损失，它降低了土地配置效率，延迟了土地开发时机，提高了延迟成本和交易费用（黄祖辉和汪晖，2002）。

土地市场的非均衡是由忽视农民的土地发展权和地方政府可能存在的寻租行为造成的。均衡的市场中各行为主体的收益不可能单调递增或递减。但在单纯考虑土地原用途、以农地年产值倍数计算征地补偿费用的条件下，忽视了农民的土地发展权，随着 $g_{非农}$ 增长，农民在征地中的收益 $f(g_{农})-u(g_{农},g_{非农})$ 单调递减，而政府土地收益 P 却单调递增，这是土地初级市场失衡的根本原因。在土地

二级市场中，虽然土地使用者土地净收益 $V(g_{非农})-Y(g_{非农})$ 为非单调函数(其中 V 为土地使用者的土地效用)，但政府土地利用的收益 P 单调递增，所以，土地二级市场可能在地方政府的寻租利益驱动下而失衡。政府对土地用途、农用地转用权、征地补偿及土地供给的管制是以上征地补偿制度缺陷的直接原因。以农用地年产值倍数计算征地补偿费用，即相对固定的征地补偿费用，不仅导致了土地市场失灵，还导致政府对土地管制的“政府失灵”。其直接后果是导致补偿性收入减少。

8.3.4　非建设用地与建设用地价格差异巨大

用途转换增值是土地征收过程中土地财产增值的主要动力之一。作为非建设用地用途的集体土地，其财产性收入体现为农用地流转收入。农民和集体获得的土地征收补偿，无论是根据征地区片综合价格，还是统一的年产值倍数法，一般都大幅度高于非建设用地财产性收入，且呈现不断上涨的趋势。然而，与此同时，作为建设用地用途的价格呈现更加明显的上涨趋势。被征地者，甚至相当一部分的研究者，将非建设用地的财产性收入与建设用地的财产性收入直接比较，认为征地补偿标准较建设用地的财产性收入过低。土地增值Ⅰ（图 8-2)，即征地环节的土地财产性增值，来源于土地用途转换，但不能简单地在建设和非建设两类用途的土地价格之间进行比较。一方面，土地征收环节并不能完成用途转换的全过程，其中政府投入的基础设施建设成本等投资性增值应当予以充分考虑；另一方面，对通过土地征收形成的具备土地用途主权转换权利，通常也理解为土地发展权的增值空间和增值归属应当给予科学认识。由此看来，不加分析地认为征地补偿标准过低等认识应当有所转变，应当依据涨价来源、增值机制，合理分配增值机制。

8.3.5　未充分满足农民利益诉求

实践表明，我国各地征地补偿标准近年来得到了普遍提高，征地补偿费用在土地出让金中的占比也大幅度提高，且绝大部分被征地农民已经纳入了社会保障体系。调查也表明，一些城郊农民甚至出现了盼征地的愿望。然而，征地纠纷也呈现复杂激化的趋势。农民想征地和不满征地的矛盾心理，不能简单地归结于征地补偿标准这一问题。农民集体土地并未享受与国有土地完全等同的权利，集体土地缺乏征地以外的其他合法途径与非集体的其他要素自由结合。在这种二元土地制度的框架下，集体土地实现非农化转换用途单一，且都带有政府强制性。农民和集体缺少市场机制的比较、充分谈判的机会，无论政府制定的征地补偿标准是否合理，农民都可以理解为只能被动地接受。因此，产生的不满和纠纷也就难以避免。

8.4 国外土地征收制度中的农民财产权益保护

通常都将中国的征地冲突、征地过程中的农民土地财产权益受损归结于中国特有的二元土地制度。因此，对一些市场经济国家土地征收对农民土地财产权益的实现及保护机制的借鉴学习有利于充分理解、完善我国的土地征收制度。

8.4.1 美国土地征收制度

美国是一个典型的土地私有制国家，土地征收权在建国之初即被认定为是联邦政府毋庸置疑的权力，不需要各州政府宪法承认，但对联邦政府的土地征收权行使进行了严格限制（Stossel，2011）。主要是从三个方面进行了限制：征收目的、征收程序和补偿原则。

（1）为了防止政府滥用土地征收权，美国宪法确立了较为明确合理的认定程序与判断标准。在土地征收过程中，对于“公共使用目的”的界定非常重要，所以美国立法机关在法律中明确了土地征收的公共用途（Newman et al.，2016）。关于公共用途的界定权利完全属于立法机关，立法机关可以有选择性地更新或改变法律条款中规定的公共用途。

（2）在美国的《土地征收法》中，严格规定了土地征收程序，要求在整个土地征收过程中，严格按程序进行。美国的土地征收程序主要包括以下内容：首先是政府发公告，将征地相关事宜必须告知有关利益方；其次是有关利益方可请求进行听证，主要是针对征地的合法性和征地补偿标准开展听证（Karen，2011）；最后是通过双方协商，达成一致补偿价格，否则可以通过司法程序决定补偿价格，由法院组成陪审团或者仲裁法庭裁定，使得协商程序有了保障和存在的意义，较好地保障了程序的救济性（Professional Services Close-up，2013）。

（3）美国在补偿原则方面也对土地征收进行了严格限制，征收土地时不以土地原用途而以土地的市场价格为补偿标准，即为公正补偿（Roberts，2013）。在《美国财产法》中明确规定：依据征收时土地的公开市场价格确定土地征收补偿标准，不仅要考虑土地的现有价值，同时也要结合土地未来的预期收益、未来盈利的价值（Porter，2012），实现征地补偿方式多样化。

8.4.2　日本土地征收制度

在土地征用过程中，日本制定了一套完整的土地征用法规体系，具体规定了土地征用的程序以及征地双方的权利和义务，征地问题解决的办法和程序等。日本《土地征用法》规定，重要的公共事业都可以运用土地征用制度，如根据城市规划确定的道路、公园建设等。征用土地一般遵循六道程序，即申请征地、登记土地和建筑物、达成征购协议、申请征用委员会裁定、让地裁定、征地终结。每一道程序都有很严格的制度监督，完善可行的土地征用法律法规作为保障，规范了各征地主体的行为，充分保障了被征地所有者的权利，也为征地纠纷的解决提供了可靠的依据。《土地征用法》的核心内容主要为公共利益、征收程序和征收补偿（盛艳等，2017）。

（1）土地征收的目的是为了满足社会公共利益用地需求，对有关公共利益的界定，日本设立了专门认定机构代表国家利益的内阁或都、道、府、县。公益事业认定的标准如下：一是公益事业必须符合科学、合理利用土地的要求；二是认定公益事业的信息要求公开，被征地人有参与权，要召开听证会和公布认定公益事业的理由，并作为该机构的一项强制性义务。

（2）日本的土地征收程序分两个阶段：公益事业的认定和征收裁决，由专业机构认定公益事业用地需求，由土地征收委员会申请征收裁决。在法律中明确划分了公益事业认定厅和征收委员会的职责分工，规定征收委员会的职责是以第三方的立场就征收事宜做出公正的判断。

（3）日本的土地征收补偿属于完全补偿，是对由于土地征收导致土地所有者产生的经济方面等所有的损失进行全额补偿。完全补偿由对土地的补偿、剩余土地的补偿和通常损失补偿构成。土地补偿主要是针对被征收土地、房屋等所有权及其他具有财产性价值的权利的补偿。剩余土地的补偿是指由于征地导致剩余的土地不成形状或面积狭小时，使其价格下降而产生的损失应予以补偿。通常损失补偿是指由于土地征收可能导致被征收人产生附带性的损失的补偿。

8.4.3　德国土地征收制度

德国为了充分保护土地所有者的利益，防止滥用征地权，规定征地只能在没有其他可供选择的手段取得所需要的土地的情况下方可进行。德国将征收行为称为“所有权之剥夺”，根据《德意志联邦共和国基本法》（中译）第十四条规定：财产权负有义务。财产权之行使应同时有益于公共福利。财产之征收，必须为公共福利始得为之。其执行，必须根据法律始得为之，此项法律应规定赔偿之性质与范围。赔偿之决定应公平衡量公共利益与关系人之利益。德国对公共利益征地范围的规定非常清晰，明确公共福利事业、为实现地区详细规划所进行的事业合理利用空闲地、用于补偿调配地、文物保护用地等，具体包括公路、机场、发电站、电气化铁路建设等，这些使用目的和对象属于征地范围。

为了保障土地所有者获得充分补偿，在参照市场价核算时，放宽补偿标准，执行超市场价补偿，将土地的非经济价值也纳入补偿范围。征地补偿分为实体损失补偿和其他财产损失补偿，《联邦建筑法》第95条规定，实体损失的补偿标准是征收官署决定征收计划时的“市价”；其他财产损失补偿指实体补偿之后，对财产权人仍有的损失进行补偿，营业损失补偿、残余地补偿与迁徙费补偿均属于此列。补偿方式除了现金以外，还可以选择其他方式，如《联邦建筑法》规定，倘若被征收人必须依靠土地来维持其营业、职业及其他重要工作时，或是依征收官署之“合乎职务（公正）的裁量”，征收受益人只以适当代价即可取得一块“补偿用途之土地”时，则被征收人可以请求补偿其一块土地，而免得补偿金额。

8.4.4 法国土地征收制度

法国拥有完善的土地征收法律体系，主要由宪法规范确定财产私有以及征收的总原则性。法国还专门颁布了《公益征收法典》，对公益征收的征收对象、征收主体、征收程序等进行详细规定。法国土地征收程序主要有行政阶段与司法阶段。行政阶段主要审批公用征收的目的，当对公益性征收有争议时，行政法院才介入征收程序，同时行政法院参与公用征收程序属于行政程序。司法阶段也要解决两个问题：一是所有权转移，二是补偿金确定（由普通法院管辖）。司法阶段应在行政阶段进行之后，并确定了公益性后才能完成财产转让，再确定补偿金额。征收补偿金的确定是专门征收法庭的权限。征收法庭主要执行由征收人和被征收人所达成的协议价格、实物补偿和损害的补偿。此外，征收法院对确定赎回价格也有一定的权限，而估价以外的争议则属于行政法院的权限。一般情况下，法官确定征收补偿额主要是以被征收财产的市场价值作为依据，此外还考虑附加次要补偿金，如安置补偿，主要按照征收补偿金的比例来确定（盛艳等，2017）。

8.5 征地补偿制度改革方向与路径

8.5.1 征地补偿制度改革方向

现行的征地制度改革必须坚持土地的社会主义公有制、实行土地发展权归公的原则；将土地的使用产权界定给农民，农民可以分享土地发展权；维持土地用途和农地转用的管制，由政府代表土地权益人统一实现土地转用过程中的增值；包括农民在内的土地权益人可以按比例享有土地增值收益；在明晰土地产权的基础上确立土地出让金分配、使用和监管机制。也就是说，在改革征地补偿费的计算上，从只考虑土地原价值转向兼顾考虑土地转用后的价值，最终实现征地补偿价与市场价格接轨；在土地市场建设方面，明晰土地产权，建立农村土地市场和农转非土地市场，为最终建立城乡统一土地市场奠定基础；在土地增值收益管理方面，规范土地出让金的支出，加大土地出让金对“三农”的投入（林丹，2010）。

1. 城乡协调发展导向

改革征地补偿制度，必须将土地出让金支出纳入研究范畴。土地出让收入使用范围包括征地和拆迁补偿支出、土地开发支出、支农支出、城市建设支出以及其他支出。其中投入于农村的支出如下：①征地和拆迁补偿支出。包括土地补偿费、安置补助费、地上附着物和青苗补偿费、拆迁补偿费。②支农支出。包括用于保持被征地农民原有生活水平补贴支出、补助被征地农民社会保障支出、农业土地开发支出及农村基础设施建设支出。其余用于城市发展。设广义征地补偿率 f（不仅包括征地和拆迁补偿支出，还包括支农支出）为占土地出让收入的比例，则征地补偿 $F=Y(g_{农}, g_{非农})\cdot f$，政府土地收益 $G=Y(g_{农}, g_{非农})\cdot(1-f)$。综合考虑以土地新旧用途年产值计算征地补偿 $F(g_{农}, g_{非农})$，兼顾农民权益，可以拉动消费，有利于促进经济的可持续发展，所以，$Y(g_{农}, g_{非农})=Y(f)$。考虑 $Y=y(1+k\cdot f)$ 的情形，其中 y 和 k 均为与城市化程度相关的系数，则最大化政府土地利用政策目标表示为

$$\text{Max } G=Y(g_{农}, g_{非农})\cdot(1-f)$$
$$\text{s.t. } Y=y(1+k\cdot f)$$

即 $\text{Max } G=y(1+k\cdot f)\cdot(1-f)$，当 $G'(f)=0$，G 为最大值。由图 8-3 可见，为了促进经济发展，就必须促进城乡协调发展，需要拉动消费，提高征地补偿率。但过高的征地补偿将提高土地成本又会抑制经济发展。所以只有适当的征地补偿率，才能保证实现政府土地利用政策目标的最大化。城乡协调发展条件下征地补偿制度改革的核心之一是政策目标从以城市发展为重点改变为城乡协调发展，根据各地经济发展状况和城市发展水平，适时提高征地补偿率 f 以促进城乡协调发展。

2. 市场化补偿导向

将征地过程“非帕累托改进”转化为“帕累托改进”必须进行补偿。可以

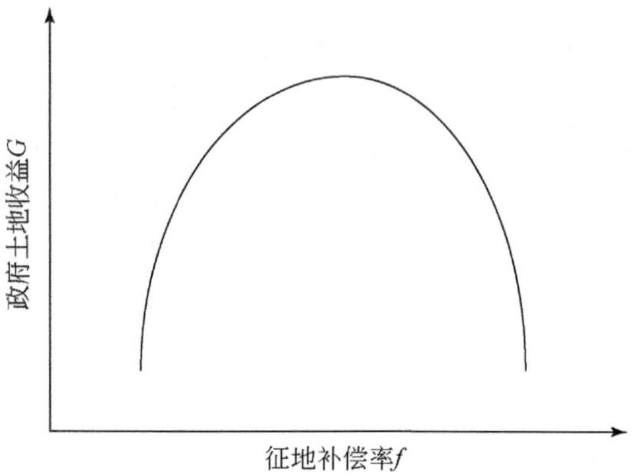

图 8-3 征地补偿率与政府收益

由政府出面，通过转移支付，把土地出让金的一部分用于补偿“三农”，也可以通过土地市场直接交易，使双方都获得满意的补偿。应明确并缩小公益性征地的范围，促进征地补偿市场化。完全由行政定价和完全由市场定价均不是最优选择。只有合理界定公益性和经营性征地的界限，既避免政府失灵又避免市场失灵的可能性，才能使征地过程达到全社会的福利最大化。现阶段征地过程中的主要矛盾是公益性征地范围过大，因而要明确界定公益性和非公益性用地，减少征地的范围，同时建构城乡统一土地市场，使征地补偿有市场的参照。城乡协调发展条件下征地补偿制度改革的另一个核心应是从计划补偿向市场化补偿过渡，即从图 8-4 中的 *A* 向 *B* 改变，逐渐走向参照市场价格确定征地补偿的方向，即征地补偿的市场化方向。

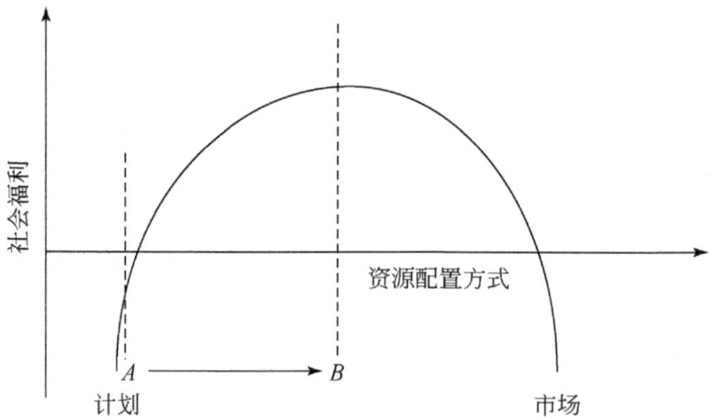

图 8-4 市场导向的征地补偿

资料来源：林丹，2011

3. 支持三农导向

由现行有关土地征收制度的法律框架所确定的现行征地补偿制度，保证了政府计划征收土地过程中以较低的费用征收土地，同时以较高的价格出让土地，从而确保土地出让金最大化。土地财政驱动各地政府以土地出让金最大化为目标，而土地出让金最大化要以扩大城乡级差地租为基础，扩大城乡级差地租又是以继续加大城市投入、相对弱化农村发展的方式来达到的，因此，目前的征地补偿制度与土地财政制度必然带来城乡的不协调发展，导致社会整体福利的下降（林丹，2010）。

从以上分析可知，只有将土地出让金平衡地投入到农村和城市两个区域，才能有效遏制城乡级差地租不断上升的势头。在现行的制度条件下，不管是市场这一看不见的手还是政府这一看得见的手，都没能遏制城乡级差地租的扩大，反而加剧了这一趋势的发展。所以，有必要改革现行的征地补偿制度。征地补偿不仅是对失地农民的补偿，而应既要用于支援“三农”建设（主要包括“对重点在耕农民的支持”和“一般地支持农村基础设施建设”两大方面），又要适度用于城镇建设；而后者的最终目的在于吸收失地农民就业（周诚，2007）。所以，政府的土地利用政策不能以获得最大化土地增值收益为目标，而必须加大对农业、农村、农民的补偿力度，逐步缩小城乡之间的级差地租，改变城乡之间 AB′C′的地租分布，使城市中心、城乡接合部到远郊的地租形成 ABC 的分布（图 8-5），以实现城乡的协调发展。

总之，土地增值收益的分配不仅是促进工业化和城市化的政策工具，也应是统筹城乡发展的宏观调节手段。城乡协调发展条件下的征地补偿制度改革就是要将土地出让金均衡地投入到农村和城市两个区域，以实现城乡协调发展。

8.5.2　征地补偿制度改革具体路径

围绕保障农民土地财产权益与上述改革思路，近年来征地制度改革的主流观点包括对征地范围缩小、征地程序规范、征地补偿标准制定、土地增值收益分配等方面的改进。

1. 缩小征地范围

现行《中华人民共和国土地管理法》与《中华人民共和国宪法》“公共利益的需要”才可征地的规定不符，扩大了征地范围，又实行低价征地政策，集体土地与国有土地同地而不同价，造成集体土地巨大财产损失，致使城乡居民收入差

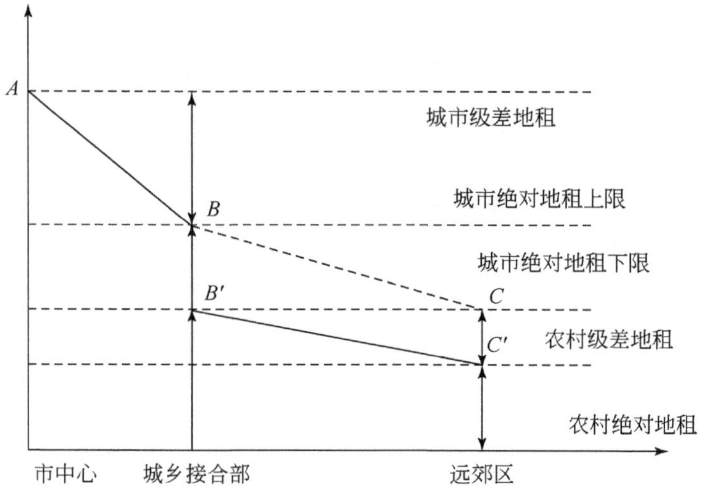

图 8-5　城乡协调发展的征地补偿

资料来源：林丹，2011

距扩大（蔡继明等，2013）。

要真正缩小征地范围，对城市建成区以外的建设用地，除公共利益需要用地外，其他用地应该从市场取得；不只在城镇规划区外，即使在土地利用规划确定的城镇建设用地范围内，建设非公益性项目，只要符合规划，经过批准，占用农民集体土地时，这部分土地也可以不征收，让农民直接参与经营和开发，保障农民获得开发收益的权利。

2015 年 1 月中共中央办公厅、国务院办公厅联合印发的《关于农村土地征收、集体经营性建设用地入市、宅基地制度改革试点工作的意见》提及“要缩小土地征收范围，探索制定土地征收目录，严格界定公共利益用地范围”；2015 年 2 月《中共中央国务院关于加大改革创新力度加快农业现代化建设的若干意见》提及“制定缩小征地范围的办法”。

2. 确定公共利益边界

土地征用中的公共利益，应该是指社会普遍共同的利益，不能是某一特定群体的利益，因为这种利益需求无法在市场中自由选择，所以需要政府在征地后统一供给。“公共利益”的范围应涉及如下事项：①国防军事；②能源、交通水利、公共基础设施；③文教卫生和科研；④国家机关及公益性事业单位；⑤公益及福利事业等非营利性事业，如国家重点工程、文物古迹、名胜保护、灾害防治、水利及环境保护等由法律授权部门裁定的公共利益用地。若兴办上述事业，国家可以依照法定程序，动用征收征用土地的权力，从而使“公共利益”切实体现社会成员的直接利益。考虑到社会经济发展日新月异，公共利益的范围也可能不断变化。因此公共利益范围的界定应当有符合变化趋势和发展实际、科学客观的更新机制。具体做法可参考国际经验，设置司法机构，及进行公共利益范围的争议、纠纷调处的机构，从而保障征地制度能够真正服务于公共利益，最大限度地保障农民土地财产性权益。

3. 规范征地程序

（1）确定法律约束征地权。征地权的行使缺乏法律约束，动用国家机器滥用强制权，是激化社会矛盾的关键；法律法规的缺陷成为征地权“滥用”的根源。征地制度改革必须朝着约束征地行为的方向走，集体土地征收要通过为行政权力行使立规矩来实现。

（2）规范征地程序，全面公开土地征收信息，健全矛盾纠纷调处机制，疏通救济渠道。目前征地程序多流于形式，如“补偿安置争议不影响征收方案实施”等规定意味着争议不解决一样可以征地，被征地农民的话语权丧失，听证形同虚设，“救济措施失去效力”，农民就土地争议向法院提起诉讼非常困难，法院与复议机关经常在实践中以抽象行政行为或内部行政行为为由对征地相对人的请求不予受理，被征地农民只能选择上访或者暴力抗法，最终矛盾转嫁给各级政府，造成征地冲突频发，维稳成本上升。2014 年 3 月《国家新型城镇化规划(2014—2020 年)》提出“健全争议协调裁决制度”；2015 年 1 月中共中央办公厅、国务院办公厅联合印发《关于农村土地征收、集体经营性建设用地入市、宅基地制度改革试点工作的意见》要求“规范土地征收程序，建立社会稳定风险评估制度，健全矛盾纠纷调处机制”“全面公开土地征收信息”。

4. 合理确定征地补偿标准

（1）提高征地补偿标准。有调查显示当前法定的征地补偿费仅够农民维持不到 7 年的生活需要。标准过低是引发社会矛盾的重要因素，而提高补偿标准有利于缩小城乡收入差距，农民“带资进城”也利于加快城镇化进程。但是，有的专家主张逐步提高补偿标准，单一的、一次性的货币补偿容易使被征地农民“迅富返贫”，不但提高了城镇化成本，也难以保障被征地农民的长远利益，此外，征地标准前后不一致，会引发新的社会问题；“至少再提高 10 倍不免令人想入非非”。

（2）合理确定补偿标准，并以法律形式保障。大幅度提高补偿标准虽然增加了城郊农民的收入，却使其与偏远农村农民之间的贫富差距越来越大。城中村以及城郊的居民得到的补偿款已经很高，被征地的绿化带等公共基础设施也需要政府大量投入。如果在现在的补偿基础上，还要将补偿标准提高10倍，基础设施建设的资金无法保障，新型城镇化道路会因此受阻。因此，应该合理确定补偿标准，征收集体建设用地和宅基地应该按照公正补偿的理念，参考区域经济发展水平、农民的收入水平、土地的区位和稀缺程度，遵循同地同价原则，将用途补偿转变为财产补偿，最终以市场定价机制确定征地价格，保障农民的土地财产性收入得到充分实现。

（3）完善征地价格形成机制，允许探索安置补偿的多种途径。十八届三中全会通过的《中共中央关于全国深化改革若干重大问题的决定》提出，“完善对被征地农民合理、规范、多元保障机制”。为此，应完善征地价格形成机制，改变按原用途补偿的原则，使被征地农民分享土地非农利用产生的增值收益。征地涉及农民住房拆迁时，不能再按地上附着物补偿，而应保障被征地农民的居住权。还可探索留地安置、区段征收等新途径（叶兴庆，2014）。可通过采取就业、培训、留地、入股、纳入城市社保体系等多种安置方式，将货币性补偿与安置补偿分开，尝试将一次性补偿变为长期补偿，多留实物补偿，使被征地农民能分享真正意义上的城镇化成果，真正做到长远生计有保障。

5. 完善被征土地增值收益分配

（1）应由农民主导土地增值收益分配。学者认为《中华人民共和国土地管理法》的问题不是土地利益如何分的问题，而是由谁来主导分的问题。现在是代表国家的地方政府在主导，而学者希望由拥有土地用益物权的农民来主导。

（2）农民独享土地增值收益会产生新的不公，应“涨价归公”“地利共享”。农地升值的主因是基础设施的投入，升值部分应收归全民所有，这是西方资本主义国家经济学家、规划学家得出来的一致结论。基础设施的投入渗透到土地里面去，使土地的可达性升高，而土地的升值部分由农民独享，作为投入主体的政府和所有的城市居民无法受益，这是不公正的（仇保兴，2014），因此由市场因素、区域位置差别产生的溢价应通过公权力进行调配。不能让恰好占据特定区位者垄断获取土地增值收益，成为不劳而获的土地食利者①；土地出让收入扣除成本全部发放给被征地农民，这样所有的公共建设会停顿，因为没有市场企业愿意投资公益项目，中国市场化圣地——温州等地的规划与基建落后于其他城市，原因就在于此。

（3）以法律形式合理确定农民在被征土地增值收益中的分配比例。大多数专家认为土地溢价要与民分享，低地价形成的土地出让收益，作为城市发展资金

---

① 贺雪峰. 2014-5-23. 不必再造一个土地食利阶层［N］. 第一财经日报，第B05版。

的积累，更多的是维护和支撑了城市居民的利益，让城市居民在二次分配中利益最大化，损害了农民利益，因此需要提高农民在土地增值中的分配比例，允许被征地农民参与收益增值部分的分配，但分配的比例应当根据各地城镇化和收入水平“因地制宜”，要与市场化结合起来，不好用数字直接量，应通过交易定价、适当抽税归公（周其仁，2004），采取农民自主交易、政府负责规划和征税的办法。2015 年 1 月，中共中央办公厅、国务院办公厅联合印发的《关于农村土地征收、集体经营性建设用地入市、宅基地制度改革试点工作的意见》指出，“建立兼顾国家、集体、个人的土地增值收益分配机制，合理提高个人收益”；2015 年 11 月，《深化农村改革综合性实施方案》指出，“建立兼顾国家、集体、个人的土地增值收益分配机制，合理提高个人收益”。

6. 完善征地制度改革的政府服务职能

政府在农村征地实施过程中，需要明确经营性土地和公益性土地的划分，减少政府对经营性土地征地的干涉，进一步压缩强制性和行政性征地权限。提高失地农民征地补偿收入，可以借鉴国外市场价格基准的标准，参考当地实际物价水平，改变传统的以农业产值为补偿标准，逐步以土地价格为补偿标准。应推进多样化的征地补偿方式，支持农民以参股方式参与项目开发，并为农民预留一定的发展用地，保证被征地农民稳定的收入来源渠道。进一步完善失地农民就业、养老和住房等社会保障功能，解决失地农民的后顾之忧，可以考虑从征收土地收益中，政府拿出一部分建立农村社会保障金，将失地农民纳入保障对象，为失地农民提供公平的社保保障服务。

第9章　农民土地财产性收入实现的保障机制与政策协同

土地是农民的主要财产。然而由于现行土地制度存在诸多障碍，农民极少或者不能从中获得除农业生产附加的财产性收入以外的其他财产性收入，直接的土地财产性收入更少。城乡居民收入差距过大，发展不平衡不充分问题突出。增加农民土地财产性收入是缩小城乡收入差距，避免因财富的代际积累和贫穷的代际传递导致城乡“阶层鸿沟”扩大的有效方法。通过深化土地制度改革，创造条件让农村土地财产价值显化并得以实现是增加农民财产性收入的根本途径，也是增加农民财产性收入的当务之急。自党的十八大以来，中央出台了一系列深化农村改革的重要文件，做出了长远性、战略性制度安排，农村改革“四梁八柱”的基本框架已经建立，今后关键是抓落实、抓深化①。畅通农民土地财产性收入实现的渠道，就应以处理好农民与土地的关系为主线，从土地制度的内部机制出发，贯彻落实党的十九大报告强调提出的“保持土地承包关系稳定并长久不变，第二轮土地承包到期后再延长30年”等乡村振兴战略的总体安排，针对性、系统性地强化土地内部制度供给；在健全城乡一体化体制机制的战略决策引领下，从“人-地-钱”挂钩、政府考核、农村基层管理等外围策略联动配套，建立让农民平等参与现代化进程、共同分享现代化成果的外围机制；从土地制度改革的互动性和关联性出发，协同推进正在改革的各项土地制度，对农村户籍、农业经营等与土地密切相关的制度协同供给，构建促进农民土地财产性收入增长的协同创新制度与政策体系。

9.1　内部机制创新

通常认为，制度是指根本性的规则，是长期的社会发展演化形成的结果，如政治制度、经济制度等；而机制是指比较微观的制度，并且可根据现实需要进行优化和设计而形成的规则。土地制度有广义和狭义之分。广义的土地制度是指包括一切土地问题的制度，是人们在一定社会经济条件下，因土地的归属和利用问

---

① 韩长赋. 2017-12-11. 大力实施乡村振兴战略［N］. 人民日报，第7版。

题而产生的所有土地关系的总称，包括土地所有制度、土地使用制度、土地规划制度、土地保护制度、土地征用制度、土地税收制度和土地管理制度等。狭义的土地制度仅仅指土地的所有制度、土地的使用制度和土地的国家管理制度。我国现阶段的土地制度是以社会主义土地公有制为基础和核心的土地制度，包括了上述广义土地制度的全部内容。随着社会经济的发展，土地制度的内容逐步得到深化，土地利用制度、土地流转制度、耕地保护制度、土地用途管制制度等制度改革成为现今土地制度改革的重点。

本研究所提出的保障农民土地财产性收入实现的土地制度内部机制创新，是指根据社会经济发展变革及现实需求，以我国现阶段土地制度框架体系为基础所进行的土地制度内部机制创新，诸如农用地和宅基地“三权”分置改革、集体建设用地入市改革、土地股权化改革以及地方性的重庆地票制度改革等与土地制度本身关系最为密切的制度及机制创新。内部机制创新是确保农民土地财产性收入增长实现的基础动力。

9.1.1　支持农村新产业新业态发展用地，增加农民土地财产性收入

（1）在严守基本农田保护红线的基础上，为提高粮食产能、提高农业生产效率的需要，应对管理、存储、加工等的场所用地加大供给力度。特别是在永久基本农田密集布局的区域，应适当放宽设施农用地范围，为粮食生产、加工、产品储存提供用地保障，涉及占用土地的农户可通过租赁、入股等方式获得农用地土地财产性收入。

（2）针对新业态发展趋势，允许农村空间复合利用。针对新型旅游、农村田园综合体等新型业态发展趋势，允许在确保农村生态环境和农民土地权益的基础上，开展农业空间复合利用。例如，允许大城市周边的永久基本农田多样化利用，发展农业观光、休闲，建设农业主题公园；允许在不破坏土地耕种能力的基础上，配置生态化的旅游基础设施。

上述农村新产业新业态发展用地政策创新性突破，可进一步激活农用地土地财产价值，不仅可以促进新型城镇化发展、振兴乡村产业，还可以较大程度促进当地农民获得土地财产性收入。

9.1.2　进一步扩大农村集体建设用地入市范围

党的十八届三中全会提出建立城乡统一的建设用地市场，“在符合规划和用

途管制前提下，允许农村集体经营性建设用地出让、租赁、入股，实行与国有土地同等入市、同权同价”。在当前的政策框架下，农村集体经营性建设用地是指具有生产经营性质的农村建设用地，即原集体的工业用地，特别是过去乡镇企业用地。实际上，农村集体建设用地除了经营性用地以外，还包括大量的宅基地和公益性公共设施用地。当前集体经营性建设用地主要分布在乡镇企业发达的东部沿海地区，广大中西部地区、农村发展较为落后的区域，存量集体经营性建设用地数量较少，集体经营性建设用地入市带来的财产性收益惠及的农民和集体范围小。需以“三块地”改革为突破口，将农村集体建设用地入市范围扩大到宅基地上来，在更大和更广的范围内提高农民土地财产性收入。进一步扩大集体建设用地入市的改革要旨就是以土地国有化为前提并要求作为原土地权利人的村集体和村民上缴部分公益事业用地与基础设施用地后，进行剩余部分土地使用权的确权并进行房地产开发，为外来人口建设合法出租房，由此推进土地制度创新，使得进城务工人员居者有其房，逐步化解当前城市的房地产泡沫。如果允许宅基地等农村集体建设用地进入市场，并在特定的约束条件下进行商品房开发，不仅有助于保护集体建设用地权利人利益，还可减少社会矛盾，提高土地利用效率。

9.1.3 完善“地票”交易制度

(1) 建立地票二级市场。分时间、分阶段、有步骤地建立地票二级市场。处理好地票交易量与供应量之间的关系，选择恰当的时机分阶段、分步骤地开放。第一阶段限定条件开放，对市场主体、转让地票数量、交易频率进行规定，并免除税收，将市场需求引导到规范的二级市场内，并不断完善二级市场的运行规则；第二阶段可逐步完全开放，可以在第一阶段的试验较为成熟，且地票供给来源稳定、地票存量较多时放开。完善相关法规，加强地票交易的计划管理，完善地票的交易登记备案制度、价格调节机制，建立地票交易信息系统以及设立地票交易监督管理机构等，以有效监管地票二级市场，防止地票市场炒作等无序行为。

(2) 科学调控地票价格，促进地票供需平衡，淡化政府在地票市场中的经营者角色。政府负责制定农村土地交易所运作规则，将地票市场的监管职能交给重庆农村土地交易所，并成立专门监管机构，负责地票市场运行状况观测、发展趋势判断，集中处理地票交易中出现的各类问题。强化相关规划编制与实施管理，确定市场边界。细化重庆市主体功能区规划，评估地票的供给空间来源；加强土地供应规划在土地供应、用地监管等方面的权威性和实施效率；发挥地票储备库对地票供给数量的调控作用，以平衡经营性项目用地指标需求为目标。充分利用财税手段稳定地票价格，探索建立地票价格调节基金制度，用于吞吐地票、平衡供求或者支持购买者。应用区位地租合理调控地票初始成本。在市农村土地交易所建立市级地票收购储备中心，界定地票收购储备的范围及程序，明确机构的任务及职能等。待市级储备机构成熟后，市级储备机构充分放权，探索建立市县级地票收储机构。

（3）完善地票收益分配机制，切实保障农民权益。地票收益的来源地为农村集体建设用地，农户、乡镇企业用地使用权人拥有集体建设用地的使用权，集体经济组织拥有土地的所有权。除所有权和使用权主体外，区域土地用途转换中的土地发展权也是集体建设用地的重要权能，政府拥有土地发展权。收益主体包括农户、乡镇企业用地使用权人、农村集体经济组织和政府部门。集体建设用地的价值构成主要包括土地自然增值收益和土地投资增值收益。集体建设用地经过复垦，产生地票交易，因此地票收益实质是自然增值收益和投资增值收益的结合体。基于土地自然增值的形成原因，从地租角度来解释，土地自然增值是绝对地租资本化，按照产权理论，集体经济组织拥有该部分收益。基于土地产权视角，土地使用者对土地拥有使用权、收益权和处分权，土地增值部分收益理应由土地使用者所有，即农户、乡镇企业用地使用权人拥有。政府部门是地票的直接管理者之一，组织集体建设用地复垦，改变集体建设用地用途，指导土地发展权转移，促使集体建设用地增值，原则上政府部门也应参与增值收益分配。

9.1.4　推进农村土地股权制改革

农村土地股份合作制是在坚持土地集体所有的前提下，将土地承包权、使用权、经营权股份化。农民享有土地的股权，集体经济组织拥有土地的经营权，土地租佃者掌握土地的使用权。实行土地股份合作制不仅有利于明晰产权，使农民真正成为土地的经营主体，而且有利于实现集约利用和规模经营，提高农业劳动生产率，有利于维护农民合法的土地财产权益，规避市场风险，使农民获得长期稳定的收入。而明晰的产权、劳动生产率的提高、农民收入的稳定增长又反过来可以带动新一轮的农民财产权益的增加。因此，要完善农村土地股份合作制度的相关法律，对农村土地股份合作制度实施规范化管理。一是根据一定规则对集体成员的边界给予准确定位，明确土地产权主体的权利和义务，按规定确定股份合作组织集体积累提取比例和分红程序，探索按劳分配与按股分红相结合的分配形式，使农民成为真正的股东。二是健全股东代表大会制度，明确相应的运作程序和监督机制。

9.2 外围联动策略配套

新型城镇化背景下农民土地财产性收入实现的外围联动策略主要是指除农村土地制度内部机制创新外，与内部机制创新密不可分的配套策略，诸如“人-地-钱”挂钩政策、农村土地证券化、地方政府绩效考核体系、农业综合开发项目促进农民土地财产性收入增加等方面。

9.2.1 推进新型城镇化中“人-地-钱”挂钩政策

土地城镇化快于人口城镇化，直接导致城镇化用地浪费、城市扩张过快等问题，同时，农村的宅基地、乡镇企业用地等建设用地却由于人口的流出和产业的衰败而大量闲置，人地矛盾突出，且农村土地财产无法显化和实现。新型城镇化是以人为核心的城镇化，所以“人-地-钱”挂钩是“以人为根本，以业为核心，以地为保障，以钱为支撑”，也就是将人的流动与土地流转挂钩，建设用地的增长与城市人口规模扩大挂钩，人的安置与产业发展提供的就业挂钩。新型城镇化建设的“人-地-钱”挂钩政策是让农民的生产要素，特别是土地，流通起来，让农村土地资产价值得以实现，最终让农民带着资金进城，顺利解决他们“住”的问题。该政策强调的不仅是土地城镇化和户籍城镇化的同步，更重要的是要实现与人的市民化同步，而不是将“市民化”简单等同于“户籍化”。“人-地-钱”挂钩政策的推进，一方面，通过农村土地综合整治，促进农地规模化经营，从而有效实现农业现代化；另一方面，通过建设用地指标向城镇流转，满足城市及产业园区的经济发展和产业升级需要，助力新型工业化。同时，在建设用地向城镇流转的过程中，通过劳动力转移和新型农村社区等形式，促进人口城镇化与土地城镇化协调发展，结合户籍制度改革和就地城镇化等模式，创新性地推动新型城镇化。在此过程中，农村建设用地和农用地的资产价值均被激活，是有力保障农民土地财产性收入实现的外围协同政策。

9.2.2 设置差别化的地方政府绩效考核体系

劳动力跨区县的自由流动和土地指标的跨区县再配置将造成偏远区县的经济总量增长相对较慢，而经济增长呈现快速的“马太效应”。如果区县官员的绩效考核完全基于地区的经济总量增长绩效，那么，“一盘棋”的区域发展战略将得不到较落后地区的支持。因此，需要削弱地方政府关于发展经济的职能。具体而言，未来需要对政府考核体制做出重大调整，可以在考核体系中同时兼顾人均GDP（或人均收入）的增长和GDP总量的增长，并且为这两个目标分别赋予一定的权重，经济发达区县，GDP总量增长目标的权重高；经济欠发达地区，人均GDP（或人均收入）增长目标的权重应该更高。更为根本的政策方向是通过降低政府税收占GDP的比例来减少区县政府对于GDP规模的盲目追求，更多地让经济规律来决定城镇的合理规模和空间布局。事实上，中国已经到了经济发展越来越依赖民营经济，而地方政府的推动作用越来越小的阶段。这时，应该在地方政府官员的考核体系中更多加入公共服务和民生指标，从而避免地方政府阻碍区域协调发展战略的实现（陆铭和陈钊，2009）。

9.2.3　推动农村土地证券化改革

农村土地资源是农民最主要的财产，而三权分置的实行为提高土地资源利用率、盘活农村资产结构提供了可能。资金是限制农业发展的主要因素，农村土地资产证券化的出现，有助于增加农民土地财产性收入。根据我国现行法律的规定，农村土地属集体所有，农民个体没有土地的所有权，但拥有土地的经营权，农民可以低价或免费取得土地资产。土地经营权证券化不仅是对农民承包的土地的证券化，也包括宅基地、道路等集体土地。农村土地经营权证券化能提高土地利用率；使土地经营规模化，提高土地的经营效率；降低土地经营风险，增加农民收入。农村土地经营权证券化可以通过引入外来资金以及使用规模化经营的方式来分散经济风险，从而增强抗风险的能力，农村居民还在土地经营的市场化中获得了创收，增加了农民本来不能获得的规模经济效益。因此，农村土地证券化改革可以有效促进农民土地财产性收入的实现。

9.2.4　构建以农村土地发展权转移为主的保障制度

我国广大农村地区，特别是欠发达地区，其主要特点是远离城市化地区，农村人口转移数量多，受城市开发建设的影响小，土地可能产生的增值收益少，农村发展第二、第三产业的基础薄弱、实力欠缺，以纯农业生产为主。由于农村缺少劳动力以及发展机遇，农村地区的土地利用效率不高，建设用地大多闲置、废弃，呈现空闲化现象，而农业用地大多发展传统的种植业，特色化、规模化、现代化的农业少。该区域农民实现土地财产性收入最主要的障碍是偏僻的地理位置造成的土地财产价值显化的条件欠缺，以及农民收入增长困难，对实现土地财产化收入的需求迫切。该区域农民实现土地财产性收入的主要方式是以建设用地指标为载体的土地发展权交易，较为典型的代表是地票交易模式。该交易模式渠道需要注意以下几个方面的问题。

(1) 全面衡量宅基地等集体建设用地的价值。除了考虑发展权价值外，还应当考虑集体建设用地的多重功能，将住房保障、社会功能、社会伦理等主要的非市场价值考虑在内。根据前面的研究，当前地票交易的定价基础以发展权价值为核心，低估了宅基地的非市场价值，补偿标准偏低，对农民土地财产性收入造成了一定程度的损失，不利于贫困地区脱贫发展。

(2) 考虑交易涉及的农户分化。将宅基地进行复垦后进行地票交易的农民，一部分已经在城市获得了较为稳定的收入来源和生活居所，其所获得的一次性补偿收入对其更好地融入城市生活具有一定的促进作用，同时也促进了有意愿的农民进城购房。另一部分农民并没有在城市长期稳定就业的能力，其获得地票交易的补偿收入后，选择在新建农村生活，这部分农民的生产条件和居住条件得到明显的改善，但并没有彻底改变其依附于农村和农业生产的就业基础，反而因搬入新居失去原有承包地和农业经济来源，提高了日常生活的成本，同时又由于自身所拥有的人力、社会资本的闲置，无法实现稳定的就业转变和身份转变，一次性获得的补偿收入并不能产生长远的收入增长效应。

因此，欠发达地区的农村地区土地财产性收入的实现，更需要统一的城乡建设用地发展权交易平台，从而实现对城镇发展的红利分享。与此同时，更要在一次性补助收益实现的基础上，探索长久的财产性收益实现渠道。例如，发展规模化经营、生态农业、现代农业，为偏远落后地区的土地带来更多增值的途径；投入农田基础设施建设，提升农用地价值含量，为当地农民带来多样化的财产性收入渠道，为农民分享土地增值收益，提高收入，增添活力。

9.2.5 以农业综合开发项目助力农民土地财产性收入增长

农业综合开发产业化经营项目是财政支持农业产业化发展的重要方式，通过对新型农业经营主体进行扶持，推进农业和农村经济结构的战略性调整，推进农业产业化经营，提高农业综合效益，促进农民增收。以集约化、专业化、组织化、社会化相结合的新型农业经营主体已初成体系，龙头企业、农民合作社带动家庭农场、专业大户发展模式取得了明显成效。农户通过将土地流转给农业企业，以入股分红的方式获得土地财产性收入。发展乡村产业是实现乡村振兴的重要内容之一，应不断完善农业综合开发项目与农民利益链接的机制。

(1) 在现行农业综合开发制度体系基础上，做好农业综合开发制度顶层设计，配套完善出台贴息资金管理、支持新型农业经营主体申报实施农业综合开发高标准农田建设项目试点、撬动金融资本建设高标准农田、部门项目管理、项目绩效管理和评价、项目资金省级管理工作质量考评等一系列政策规定和管理办法，从而搭建新的、更加科学有效的制度框架体系，进一步推动农业综合开发管理工作。

（2）规范入股分红的机制，加强对龙头企业入股分红制度的规范管理，制定规范性文件约束该项内容。规范土地流转的管理。工商资本租赁农地，要按分级审核原则及程序报上级审查核准后再行签订合同，并预先缴纳租金及风险保障金，有效规避土地流转风险。

（3）规范各利益主体职责。①企业得利不推责。企业想获得国家补助，必须与区农业委员会、项目所在镇（街）、村民小组签订农民持股的“四方”协议书，做出推行股权改革、回馈村社农民的具体承诺。②农民分红不干涉。以企业获得补助时间为起点，每年实行固定分红。持股农民只享有分红权，不享有管理权，防止干涉企业经营。③农业委员会监管不松懈。农业委员会建立项目管理台账，并以此作为企业申报后续补助资金的重要依据。

9.3　制度及政策创新协同对策

农村土地是农村社会经济的载体，农村土地制度改革与政策创新是乡村振兴战略中的一个重要方面，同时与其他方面的改革密不可分，因此，土地制度改革应与其他相关改革协同推进，科学配套才能推动乡村振兴战略实施，发展农村经济。过去关于土地制度改革推进存在诸多困难及障碍，主要原因是农村户籍、社保、金融、财税等相关制度与土地制度改革不配套、不协调。因此，农村土地制度创新的过程，要和农村的社会、经济、产业等相关政策协调推进。中央《关于农村土地征收、集体经营性建设用地入市、宅基地制度改革试点工作的意见》强调注重改革协调，指出“农村土地制度改革与农村户籍、财税、社保、金融等相关领域改革紧密衔接，农村土地征收、集体经营性建设用地入市和宅基地制度改革相互关联，要注重改革的协同性和耦合性，提高改革的系统性和完整性”。上述安排充分体现了对农村土地制度改革涉及的农村社会经济等各方面的系统性、全面性，强化了相关制度创新与土地制度的协同衔接。

9.3.1　协同推进土地制度各项改革

对于农村地域而言，各业各类用地涉及农民的生产、生活需求，是一个系统的有机的整体。无论是经营性用地，还是宅基地、农用地，都是农民重要的土地财产，需要进行有机整合，系统安排。一方面，集体经营性建设入市收益、征地补偿收益、城乡建设用地增减挂钩收益、宅基地补偿收益、地票交易收益等改革工作是相互关联的，某一个方面的改革成果可能会对其他方面的改革成效形成影响，单兵式的推进方式可能影响到政策改革的推广复制（董祚继，2016）。另一方面，制度改革之间如果缺乏协调，则很难形成综合的改革成效。

农村三项土地改革之间关系紧密，应协同推进。①集体经营性建设用地和宅基地改革具有极大相似性与互补性。农村集体经营性建设用地主要指那些符合规划的、存量的集体经营性建设用地，如乡镇企业用地等，它和宅基地性质一样，均属于农村集体建设用地，在一定条件下还可以互相转换。所以，可以将集体经营性建设用地和宅基地改革综合考虑。②宅基地制度改革有利于推进征地范围的缩小。征地制度改革的关键在于缩小征地范围和完善征收程序，农村集体存量建设用地入市，和国有建设用地同地同权，将大大增加可供使用的存量建设用地量，从而减少对新增建设用地的需求。而且相对于城市建设用地而言，农村建设用地点多、分布广，节约集约程度远不如城市用地，对这块巨大土地资源的释放，将极大缓解城市化进程对新增建设用地的需求，从而减少征地的外加压力，有利于缩小征收范围。③集体经营性建设用地入市可减少征地制度改革阻力。农村集体经营性建设用地入市必然会增加存量建设用地供给，在一定程度上满足建设用地需求，从而减少征地的数量，缩小征收范围，征地制度的改革也就少了很多阻力。同时，土地征收制度的完善，如土地征收中告知、确认、“两公告一登记”、论证、公示、听证、风险评估、收益分配共享等征地程序和征地补偿标准的完善，对集体土地入市也有着制度层面的借鉴作用。

9.3.2 协同推进户籍制度和农村土地制度的改革与创新

首先，在农村地区为防止出现农民依附于农村土地，降低市民化意愿等现象。可明确集体组织成员身份确定标准，借鉴股份合作制的思路界定集体成员资格，将集体组织成员权和集体资产收益权益分割，只要确定为集体成员，无论其居住与就业地在何处，均可以享受集体资产的收益分配。其次，在城市地区为了确保转移就业人口的市民化权益，可以根据转移就业人口的迁移条件合理设定准入标准，为在城市长期就业、符合一定收入标准的人口提供市民人口的保险、就医、教育权利。农村人口大量转移到城镇之后，农村土地的经营方式是土地制度和户籍制度联动改革中需要考虑的问题。户籍制度改革需与“农村土地股份制改革”“人–地”挂钩模式结合起来，以保证联动改革的顺利开展。

9.3.3　协同推进农业经营制度和农村土地制度的改革与创新

农业产业化是农贸工一体化经营，是在市场经济条件下，以多元参与主体共同利益为基础，逐步实现农业产加销环节的生产专业化、经营集约化、企业规模化、服务社会化、产品商业化、流通市场化和产业一体化，最终将农业由传统产业转变为现代产业的历史进程。农业产业链的延伸推动农业生产专业化和相关用地扩大。因此，要深化土地制度创新对农村产业化发展用地，农村第一、第二、第三产业融合发展用地的支持力度，对农村基础设施、农村旅游发展、扶贫攻坚、返乡人口就业等农村产业发展按需求灵活探索土地制度创新路径。土地市场建设、土地指标配置要向农村新产业、新业态给予倾斜支持，促进农业经营发展和农村土地制度改革的良性互动。

参 考 文 献

布坎南 J. 2002. 财产与自由［M］. 韩旭译. 北京：中国社会科学出版社.

蔡继明，陈钊，党国英，等. 2013. 关于土地制度改革的三点共识［J］. 科学发展，(5)：19-23.

常文涛. 2015. 农民工资性收入与工业化、城镇化动态关系研究——基于 VAR 模型视角［J］. 当代经济，(32)：152-153.

陈刚. 2014. 土地承包经营权流转与农民财产性收入增长——来自《农村土地承包法》的冲击实验［J］. 社会科学辑刊，(2)：103-110.

陈浩，张京祥，陈宏胜. 2015. 新型城镇化视角下中国“土地红利”开发模式转型［J］. 经济地理，35（4）：1-8.

陈坤，张丽娜. 2013. 关于“土地财政”的一般分析及讨论［J］. 北方经济，(12)：16-17.

陈淑琼. 2015. 农民土地财产性收入研究综述［J］. 探求，(6)：107-116.

陈晓枫. 2010. 马克思论资本主义社会财产性收入［J］. 福建师范大学学报（哲学社会科学版），(4)：62-67.

陈雪原. 2015. 关于“双刘易斯二元模型”假说的理论与实证分析［J］. 中国农村经济，(3)：34-43.

崔敏敏. 2010. 关于农村财政投融资问题的研究——问题与原因的研究［D］. 太原：山西财经大学.

戴华. 2007. 我国开发区制度创新研究［D］. 成都：电子科技大学.

董晓峰，杨春志，刘星光. 2017. 中国新型城镇化理论探讨［J］. 城市发展研究，24（1）：26-34.

董祚继. 2016. 农村土地改革的协同性和系统性——关于统筹推进土地制度改革的思考［J］. 中国土地，(12)：11-13.

樊帆. 2015. 集体经营性建设用地流转收益分配问题研究［D］. 武汉：华中师范大学.

樊纲. 1993. 两种改革成本和两种改革方式［J］. 经济研究，(1)：3-15.

冯长春，沈昊婧，王锋. 2016. 新型城镇化进程中“人-地-钱”挂钩政策探析［J］. 中国土地，(4)：4-9.

冯桂. 2014. 重庆地票制度的价值及其对城乡一体化改革的启示［J］. 国家行政学院学报，(1)：81-85.

付启来，陈秉谱，张文斌，等. 2014. 农地发展权及其增值收益分配研究——以甘肃武威工业园区为例［J］. 中国农学通报，(23)：82-86.

付宗平. 2016. 集体经营性建设用地入市存在的问题及对策——基于成都市的实证分析［J］.

农村经济，(9)：31-36.
古晓 . 2014. 农村产权抵押融资对农户收入的影响研究［D］. 杨凌：西北农林科技大学 .
顾汉龙，冯淑怡，张志林，等 . 2015. 我国城乡建设用地增减挂钩政策与美国土地发展权转移政策的比较研究［J］. 经济地理，35（6）：143-148.
郭海丽，王礼力，李敏 . 2012. 资金来源方式与农民收入的动态关系研究——以农业综合开发产业化经营项目为例［J］. 软科学，26（7）：81-85.
国务院发展研究中心课题组 . 2011. 农民工市民化进程的总体态势与战略取向［J］. 改革，(5)：5-29.
韩菡，钟甫宁 . 2011. 劳动力流出后“剩余土地”流向对于当地农民收入分配的影响［J］. 中国农村经济，(4)：18-25.
韩晓 . 2015. 关于农民宅基地财产性收入增加的思考［J］. 内江科技，36（4）：91-92.
何绍周，彭博，马也 . 2012. 农民财产性收入增长面临的制度性约束——基于市场和法治的视角［J］. 农业技术经济，(6)：95-100.
何欣，蒋涛，郭良燕，等 . 2016. 中国农地流转市场的发展与农户流转农地行为研究——基于2013 ~2015 年 29 省的农户调查数据［J］. 管理世界，(6)：79-89.
黄美均 . 2012. 关于重庆地票制度性质、功能和运行态势的思考［C］. 南京：中国土地科学论坛 .
黄美均，诸培新 . 2013. 完善重庆地票制度的思考——基于地票性质及功能的视角［J］. 中国土地科学，27（6）：48-52.
黄忠华，杜雪君 . 2014. 农村土地制度安排是否阻碍农民工市民化：托达罗模型拓展和义乌市实证分析［J］. 中国土地科学，28（7）：31-38.
黄祖辉，汪晖 . 2002. 非公共利益性质的征地行为与土地发展权补偿［J］. 经济研究，(5)：66-71.
蒋省三，刘守英，李青 . 2007. 土地制度改革与国民经济成长［J］. 管理世界，(9)：1-9.
蒋晓岚，程必定 . 2013. 我国新型城镇化发展阶段性特征与发展趋势研究［J］. 区域经济评论，(2)：130-135.
金细簪，虞晓芬，胡凤培 . 2015. 征地拆迁的预期意愿与行为差异研究——以浙江省杭州市为例［J］. 中国土地科学，29（6）：11-17.
雷玉明 . 2006. 关于龙头企业与农户利益联结机制的研究［D］. 武汉：华中农业大学 .
黎平 . 2008. 我国农村集体建设用地法律问题研究［J］. 法学杂志，(4)：51-54.
李超，孟庆国，郗希 . 2015. 农户定居城镇意愿及其财产性影响因素差异——基于一般、小康、富裕三类农户的比较分析［J］. 湖南农业大学学报（社会科学版），16（6）：58-64.
李庆海，李锐，王兆华 . 2012. 农户土地租赁行为及其福利效果［J］. 经济学（季刊），11（1）：269-288.
李社会 . 2017. 经济增长与金融发展对家庭财产性收入影响综述和评论——浙江与江西比较［J］. 江苏商论，(09)：21-24+27.
李胜兰，于凤瑞 . 2011. 农民财产权收入的土地财产权结构新探——权利束的法经济学观点［J］. 广东商学院学报，(4)：83-91.

李文洁 . 2016. 中国新型城镇化对农民收入结构的影响研究［D］. 长沙：湖南大学 .
李小敏，涂建军，付正义，等 . 2016. 我国农民工市民化成本的地域差异［J］. 经济地理，36（4）：133-140.
李中 . 2013. 农村土地流转与农民收入——基于湖南邵阳市跟踪调研数据的研究［J］. 经济地理，（5）：144-149.
林丹 . 2010. 基于城乡协调发展的征地补偿制度改革［D］. 福州：福建师范大学 .
林丹 . 2011. 城乡协调发展背景下的征地补偿机制研究［J］. 经济经纬，（5）：95-98.
刘凤芹 . 2004. 农村土地制度改革的方案设计［J］. 经济研究参考，（19）：34-48.
刘鸿渊 . 2010. 农地集体流转的农民收入增长效应研究——以政府主导下的农地流转模式为例［J］. 农村经济，（7）：57-61.
刘江会，唐东波 . 2010. 财产性收入差距、市场化程度与经济增长的关系——基于城乡间的比较分析［J］. 数量经济技术经济研究，27（04）：20-33.
刘宁杰 . 2009. 龙头企业与农民利益联结机制：契约式研究［J］. 调研世界，（2）：24-26.
刘宁杰 . 2014. 开封市商业银行：贯彻普惠金融理念　破解农民抵押难题［J］. 农村・农业・农民（B 版），（3）：60.
刘忠群 . 2008. 浅谈“合规创造价值”［J］. 贵州农村金融，（11）：89-90.
卢阳，陈英，陈亮之 . 2017. 农民土地财产性收入的理论构建——定义、特征、功能、计量［J］. 干旱区资源与环境，31（5）：20-25.
陆大道 . 2007. 我国的城镇化进程与空间扩张［J］. 城市规划学刊，（4）：47-52.
陆大道，陈明星 . 2015. 关于“国家新型城镇化规划（2014–2020）”编制大背景的几点认识［J］. 地理学报，（2）：179-185.
陆大道，姚士谋，李国平，等 . 2007. 基于我国国情的城镇化过程综合分析［J］. 经济地理，27（6）：883-887.
陆铭，陈钊 . 2009. 为什么土地和户籍制度需要联动改革——基于中国城市和区域发展的理论和实证研究［J］. 学术月刊，41（9）：78-84.
罗湖平 . 2014. 中国土地隐形市场研究综述［J］. 经济地理，34（4）：145-152.
冒佩华，徐骥 . 2015. 农地制度、土地经营权流转与农民收入增长［J］. 管理世界，（5）：63-74.
莫沫 . 2013-12-16. 农村集体经营性建设用地流转：增加农民财产性收入的一条重要途径［N］. 中国审计报，第 006 版 .
慕卫东 . 2016. 重庆地票制度的功能研究：制度经济学视角［D］. 重庆：西南大学 .
牛若峰 . 2006. 农业产业化经营发展的观察和评论［J］. 农业经济问题，（3）：8-15，79.
彭红碧，杨峰 . 2010. 新型城镇化道路的科学内涵［J］. 理论探索，（4）：75-78.
邱继勤，邱道持 . 2011. 重庆农村土地交易所地票定价机制探讨［J］. 中国土地科学，25（10）：77-81.
仇保兴 . 2014. 简论我国健康城镇化的几类底线［J］. 城市规划，（1）：9-15
单卓然，黄亚平 . 2013. “新型城镇化”概念内涵、目标内容、规划策略及认知误区解析［J］. 城市规划学刊，207（2）：16-22.

邵绘春 . 2010. 城市化进程中农民土地权益变化研究［D］. 南京：南京农业大学 .
沈飞，朱道林，毕继业 . 2004. 政府制度性寻租实证研究——以中国土地征用制度为例［J］. 中国土地科学，(4)：3-8.
盛艳，王桂华，包斯琴 . 2017. 国外土地征收制度对我国征地制度改革的启示——以和林格尔县农村土地改革试点为例［J］. 中国国土资源经济，30（9）：47-52.
史清华，晋洪涛，卓建伟 . 2011. 征地一定降低农民收入吗：上海 7 村调查——兼论现行征地制度的缺陷与改革［J］. 管理世界，(3)：77-82.
苏康传 . 2012. 重庆地票基准价格测算研究［D］. 重庆：西南大学 .
孙东琪，陈明星，陈玉福，等 . 2016. 2015–2030 年中国新型城镇化发展及其资金需求预测［J］. 地理学报，71（6）：1025-1044.
孙振华 . 2014. 新型城镇化发展的动力机制及其空间效应［D］. 大连：东北财经大学 .
谭术魁，王斯亮 . 2013. 中国住宅市场羊群效应的比较测度——基于省际动态面板数据模型的实证研究［J］. 中国房地产，(20)：37-45.
唐根年，徐维祥，贾临宇，等 . 2006. 中国农民市民化经济门槛与城市化关系研究：理论与实证［J］. 经济地理，26（1）：118-121.
唐健，李珍贵，王庆宾，等 . 2014a. 因地制宜地稳妥推进留地安置——基于对 10 余省份留地安置的调研［J］. 中国土地科学，28（4）：91-96.
唐健，王庆日，谭荣 . 2014b. 新型城镇化战略下农村土地政策改革试验［M］. 北京：中国社会科学出版社 .
唐铁飞 . 2014. 积极探索产业化项目与农民利益联结新机制［J］. 预算管理与会计，(7)：26-28.
唐云锋，温其玉，郭贯成 . 2015. 补偿核算新视角：土地征收与农民“被动性”市民化——以江苏省南京市为例［J］. 中国土地科学，29（5）：48-55.
万伦来，马娇娇，朱湖根 . 2010. 中国农业产业化经营组织模式与龙头企业技术效率——来自安徽农业综合开发产业化经营龙头企业的经验证据［J］. 中国农村经济，(10)：27-35.
万年庆，李红忠，史本林 . 2012. 基于偏离——份额法的我国农民收入结构演进的省际比较［J]. 地理研究，31（4）：672-686.
汪晗，聂鑫，张安录 . 2011. 可转移发展权对于土地开发量影响研究——以武汉市洪山区为例［J]. 城市发展研究，10：45-49.
王春超，荆琛 . 2012. 中国城市化进程中农民工对经济产出的贡献与收益分享［J］. 经济社会体制比较，(2)：144-153.
王琳琳 . 2015. 利益联结视角下的农民权益与行为［D］. 武汉：华中师范大学 .
王茜，秦富 . 2009. 农业产业化龙头企业的生产效率分析——基于 DEA 模型［J］. 技术经济，28（3）：53-57.
王小映 . 2007. 土地征收公正补偿与市场开放［J］. 中国农村观察，(5)：22-31.
王洋，王少剑，秦静 . 2014. 中国城市土地城市化水平与进程的空间评价［J］. 地理研究，33（12）：2228-2238.
王永慧，严金明 . 2007. 农地发展权界定、细分与量化研究——以北京市海淀区北部地区为

例［J］. 中国土地科学，21（2）：25-30
魏后凯，陈雪原 . 2014. 中国特大城市农转居成本测算及推进策略——以北京为例［J］. 区域经济评论，（4）：114-121.
魏玲，张安录 . 2017. 农地城市流转福利增量分配不均衡实证分析——基于广东 21 市的三层次土地市场运行数据［J］. 东北大学学报（社会科学版），19（1）：47-53.
文兰娇，张安录 . 2016. 长三角地区与珠三角地区农村集体土地市场发育与运行比较研究——基于上海市松江区、金山区和广东省南海区、东莞市 4 地实证分析［J］. 中国土地科学，30（10）：64-71.
文乐，彭代彦 . 2016. 土地供给错配、房价上涨与半城镇化研究［J］. 中国土地科学，30（12）：18-27.
吴洪伟 . 2012. 农业综合开发项目扶持农民专业合作社发展研究——以浙江省为例［J］. 中国农业资源与区划，33（5）：73-76，91.
吴江，申丽娟 . 2012. 重庆新型城镇化路径选择影响因素的实证分析［J］. 西南大学学报（社会科学版），38（2）：151-155.
吴江，王斌，申丽娟 . 2009. 中国新型城镇化进程中的地方政府行为研究［J］. 中国行政管理，285（3）：88-91.
项继权 . 2014. 如何破除农村发展面临的制度性障碍［J］. 人民论坛 · 学术前沿，（13）：90-94.
项仕安 . 2004. 积极支持农民实行新的联合与合作——安徽农民专业合作组织调研报告［C］. 中国“三农”问题研究获奖优秀论文选编，9-15.
肖文桂 . 2000. 增加农民收入拉动经济增长［J］. 福建理论学习，（9）：27-28.
徐选国，杨君 . 2014. 人本视角下的新型城镇化建设：本质、特征及其可能路径［J］. 南京农业大学学报（社会科学版），14（2）：15-20.
许迎春，刘琦，文贯中 . 2015. 我国土地用途管制制度的反思与重构［J］. 城市发展研究，22（7）：31-36.
宣宇 . 2016. 新型城镇化内生机制与政策保障的关联度［J］. 改革，（7）：46-54.
薛亮 . 2016-03-14. “人地钱”挂钩，新型城镇化一盘棋［N］. 中国国土资源报，第 003 版 .
闫小欢，霍学喜 . 2013. 农民就业、农村社会保障和土地流转——基于河南省 479 个农户调查的分析［J］. 农业技术经济，（7）：34-44.
杨海宁，李小丽 . 2016. 城镇化进程中增加农民财产性收入探讨［J］. 学术交流，（12）：129-134.
杨继瑞，汪锐，马永坤 . 2011. 统筹城乡实践的重庆“地票”交易创新探索［J］. 中国农村经济，（11）：4-9.
杨庆媛 . 2002. 中国城镇土地市场发展问题研究［M］. 重庆：西南师范大学出版社 .
杨庆媛，鲁春阳 . 2011. 重庆地票制度的功能及问题探析［J］. 中国行政管理，（12）：68-71.
姚树荣，熊雪峰 . 2017. 以宅基地有偿退出改革助推易地扶贫——四川省泸县“嘉明模式”分析［J］. 农村经济，（2）：21-24
叶彩霞，徐霞，胡志丽 . 2010. 城市化进程对农民收入结构的影响分析［J］. 城市发展研究，

17（10）：26-30.
叶剑平，丰雷，蒋妍，等．2010. 2008年中国农村土地使用权调查研究——17省份调查结果及政策建议［J］．管理世界，（1）：64-73.
叶兴庆．2014. 赋予农民公平分享土地增值收益权［J］．农村经营管理，（4）：6
伊利 R T，莫尔豪斯 E W. 1982. 土地经济学原理［M］．滕维藻，译．北京：商务印书馆．
易甜．2015. 集体经营性建设用地流转收益分配问题研究［D］．武汉：华中师范大学．
袁方成，靳永广．2017. 土地城镇化的现状与未来——以新型城镇化为背景［J］．武汉大学学报（哲学社会科学版），70（6）：120-131.
张车伟，王德文．2004. 农民收入问题性质的根本转变——分地区对农民收入结构和增长变化的考察［J］．中国农村观察，（1）：2-13.
张巩．2014. 山西省农户与“龙头”企业的利益联结机制研究［D］．太原：山西财经大学．
张广辉，魏建．2016. 农民土地财产权利与人口城镇化［J］．学术月刊，48（03）：57-65.
张立先，郑庆昌．2012. 保障农民土地财产权益视角下的农民财产性收入问题探析［J］．福建论坛（人文社会科学版），（3）：29-33.
张荣天．2016. 中国新型城镇化研究综述与展望［J］．世界地理研究，25（2）：60-66.
张曙光．2007. 城市化背景下土地产权的实施和保护［J］．管理世界，（12）：31-47.
张占仓，蔡建霞．2013. 河南省新型城镇化战略实施的亮点研究［J］．经济地理，33（7）：53-58.
张占贞，王兆君．2010. 我国农民工资性收入影响因素的实证研究［J］．农业技术经济，（2）：56-61.
章莉，李实，Darity W A，等．2014. 中国劳动力市场上工资收入的户籍歧视［J］．管理世界，（11）：35-46.
赵奉军．2016. 城市让生活更美好——户籍身份变动与居民生活满意度［J］．中国农村观察，（4）：56-71.
周诚．2007. 农地转非自然增值公平分配论——兼评“涨价归私”论和“涨价归公”论［J］．农业经济导刊，（3）：7-12.
周其仁．2004. 农地产权与征地制度——中国城市化面临的重大选择［J］．经济学（季刊），（1）：193-210.
周其仁．2014. 土地流转是城乡间的第三道市场之门［J］．农村工作通讯，（16）：47.
朱道林．2017. 土地增值收益分配悖论——理论、实践与改革［M］．北京：科学出版社．
朱建军，胡继连．2015. 农地流转对我国农民收入分配的影响研究——基于中国健康与养老追踪调查数据［J］．南京农业大学学报（社会科学版），（3）：75-83.
朱铁辉．2004. 农业综合开发中农民的主体地位探讨［J］．农业经济问题，（9）：48-51，80.
朱一中，杨莹．2016. 土地发展权：性质、特征与制度建设［J］．经济地理，36（12）：147-153.
卓尚进．2016-06-14. 稳妥开展农村集体经营性建设用地使用权抵押贷款试点［N］．金融时报，第003版．
Abdullah A J，Doucouliagos H，Manning E. 2015. Is there a kuznets' process in southeast Asia?［J］.

Singapore Economic Review, 60 (2): 1-22.

Barrios S, Bertinelli L, Strobl E. 2006. Climatic change and rural-urban migration: The case of sub-Saharan Africa [J] . Journal of Urban Economics, 60 (3): 357-371.

Brueckner J K, Kim H A. 2001. Land markets in the Harris-Todaro model: A new factor equilibrating rural-urban migration [J] . Journal of Regional Science, 41 (3): 507-520.

Chen M, Liu W, Lu D. 2016. Challenges and the way forward in China's new-type urbanization [J] . Land Use Policy, 55: 334-339.

Christiaensen L, Todo Y. 2014. Poverty reduction during the rural-urban transformation-the role of the missing middle [J] . World Development, 63 (SI): 43-58.

da Mata D, Deichmann U, Henderson J V, et al. 2007. Determinants of city growth in Brazil [J] . Journal of Urban Economics, 62 (2): 252-272.

Fang C, Ma H, Wang J. 2015. A regional categorization for "New-type Urbanization" in China [J] . Plos One, 10 (8): e134253.

Gollin D, Parente S, Rogerson R. 2002. The role of agriculture in development [J] . American Economic Review, 92 (2): 160-164.

Gollin D, Jedwab R, Vollrath D. 2016. Urbanization with and without industrialization [J] . Journal of Economic Growth, 21 (1): 35-70.

Hoang T X, Pham C S, Ulubaşoglu M A. 2014. Non-farm activity, household expenditure, and poverty reduction in rural Vietnam: 2002–2008 [J] . World Development, 64: 554-568.

Jedwab R, Vollratb D. 2015. Urbanization without growth in historical perspective [J] . Explorations in Economic History, 58: 1-21.

Karen H. 2011. Grounded histories: Land and landscape in early America [J] . William and Mary, 68 (4): 513-532.

Newman G D, Bowman A O, Lee R J, et al. 2016. A current inventory of vacant urban land in America [J] . Journal of Urban Design, 21 (3): 302-319.

Porter O J. 2012. Land and spirit in native America Owens [J] . Patricia Ann Library Journal, 137 (19): 98-104.

Professional Services Close-Up. 2013. Urban Land Institute Releases America in 2013 Report [C] . Washington D. C.

Roberts K. 2013. The art of staying put: Managing land and minerals in rural America [J] . The Journal of American Folklore, 126 (502): 407-433.

Stossel J. 2011. America: Land of free speech, sometimes [J] . Indianapolis Business Journal, 32 (41): 15-24.